世界は宗教で動いてる

橋爪大三郎

光文社未来ライブラリー

0004

Religions in the Global Community
by Daisaburo Hashizume
Kobunsha Co., Ltd.,Tokyo 2013: 06
Bunko version 2022: 05

まえがき

「ビジネスパーソンなら、宗教を学びなさい。」

ビジネスパーソンの皆さんには、こう言うことにしている。

なぜ「宗教」、なんですか。

宗教なら、知ってますよ。

神を信じたり、仏を拝んだりしている、あれでしょう。

そこそこの知識はもっているし、信者の方がたには、まあ、敬意を払いますが、毎日のビジネスに直接関係ないし。退職して、時間ができてからでいいんじゃない？

そこです。

宗教を、経済・政治・法律・科学技術・文化芸術・社会生活と、別ものと思っていませんか、あなたは。

たしかに日本では、それはそうかもしれない。ふつうに日本人として生まれ、学校教育を受け、社会に出ても、宗教と正面からぶつかる機会は多くない。葬式や結婚式か、初詣、さもなければ、突然押しかけてくる新興宗教。宗教とほぼ無関係に、一生を送ることができてしまう。

でもそれが、大きな間違い。日本以外のたいていの国では、経済・政治・法律……社会生活を、まるごとひっくるめたものが「宗教」なんです。キリスト教がかつてそうだったし、イスラム教ではいまもそうである。ゆえに。「宗教」を踏まえないで、グローバル社会でビジネスをしようなんて、向こうみずもはなはだしい。

本書は、慶應丸の内シティキャンパスで行なった、「宗教で読み解く世界」の講義（3時間×全6回）をもとにしている。

実際に、ビジネスパーソンを中心とする受講生の皆さんに、お話をし、ディスカッションを交わした双方向のやりとりをまとめたもの。ライブ感あふれる議論になっている。お楽しみいただきたい。

この講義では、ユダヤ教・キリスト教、イスラム教から、ヒンドゥー教、仏教、儒教・道教、神道と、数多くの宗教を順番に論じた。世の中には専門家という人びとがいて、どれかひとつの宗教についてなら詳しく教えてくれる。だが、多くの宗教の関係を教えてくれるひとがいない。いま、グローバル世界で必要なのは、異なった信仰やちがった文明に属する人びとが、どういう国際社会（コミュニティ）をつくって行けるか、という構想である。それには、さまざまな宗教の「相互関係」を考えなければならない。この講義でとくに心がけたのは、受講生の皆さんと一緒に、この点を掘り下げてみることだった。

この講義を通して、明らかになること。

宗教には、「自分とは何なのか」という問いが、凝縮されている。人間として生まれた誰もが、避けて通ることのできない問いである。

だからこそ世界のどの文明も、宗教を核にして、その社会のまとまりをつくった。そのつくり方にはいろいろ違いがあるが、人類の知的遺産とはすなわち、宗教のことだと言っていい。「宗教のリテラシー」は、だから、複数の文明圏が並びたつ現代世界を生きるわれわれにとって、不可欠のものなのである。

本書は、文庫にすぎない。つまり、ほんの「入り口」にすぎない。本書をきっかけに、その先に進んでいただけることを期待する。本書がその未知の世界への航海の、羅針盤となるとよいと思う。

そこで、ビジネスパーソンでない人びとには、こう言うことにしている。

「人間なら、宗教を学びなさい。」

世界は宗教で動いてる　目次

第二講義　宗教改革とアメリカの行動原理

ウォール街の〝強欲〟をどう考えるのか

第三講義　イスラム文明の世界

イスラム教は平和のための宗教

第四講義　ヒンドゥー教とインド文明

カーストは本質的に平等

第五講義　中国文明と儒教・仏教

儒教はなぜ宗教といえるのか

第一講義 ヨーロッパ文明とキリスト教

イエスの父はヨセフか、それとも神か

クエスチョン1

一神教は、God（神）と人間の関係をどうとらえているか

なぜ神は絶対なのか

橋爪　一神教で、最初に考えるべきなのは、「Godと人間の関係をどうとらえているか」です。

じゃあ宿題の本（『世界がわかる宗教社会学入門』『ふしぎなキリスト教』）には、どう書いてありましたか？

受講生　ハイ。『ふしぎなキリスト教』には、Godが人間を「創造した」。だからGodにとって、人間は「モノ」みたいなもので、Godの所有物。つまり「奴隷」である、と書いてありました。

橋爪　その通り。「主《しゅ》」とか「僕《しもべ》」とか、いうでしょ。あれです。人間を「造った」のなら、Godが「主」。造られた人間はGodの所有物だから、Godは人間を自由にしてよい、という考え方なのです。

民法の講義の時間に、近代的「所有権」について習ったでしょう。近代的「所有権」の大事な性質は、絶対的なことです。「絶対」とは、誰にも邪魔されないで所有権を主張できる、ということ。自分の所有物を、絶対的に支配することができる。こうして私有財産制度が確立し、西欧世界は封建制から脱して、近代社会に移行できたのです。

所有は、使用、収益、処分、が自由だといういみです。

「使用」は、使ってよいということ。家なら、住んでいい。車なら、乗っていい。服なら、着ていい。こんなふうに自由に使えることが、使用です。

「収益」は、それから収入をえてよいということ。家なら、賃貸して誰かを住まわせて家賃をとっていい。服なら、レンタルに出していい。車なら、タクシー営業をしてもいいし、レンタカーで貸し出してもいい。どうやって収入をあげてもいいのが収益権です。

「処分」は、売ってもいいし、壊してもいい。自由に処分できるということです。

所有権は、使用、収益、処分の権利を内容としていて、この権利を行使するのに、誰にも断る必要がありません。これが近代的所有権です。

ここまで、わかりましたか？

受講生　ハイ。

橋爪　よろしい。

さて、この近代的所有権は、Ｇｏｄと被造物（人間など）の関係を、人間とモノの関係にあてはめたものです。一神教の社会では、近代的所有権は導入しやすい。いっぽう、多神教の社会や近代化が進んでいない社会では、この考え方はなじみにくい。人間がモノに対して絶対的な支配権を及ぼすという考え方から、近代ができあがってきたのですが、それは、Ｇｏｄが人間に絶対的支配権を及ぼすという考えがあったから受け入れられた、とも言えるのです。

みなさんも、近代的所有権の恩恵を受けているはず。所有権の制度なしには、毎日の暮らしはもちろん、経済も成り立たない。商店で買い物をしたり、企業がさまざまな契約を結んだりするのも、すべて近代的所有権のうえに成り立つ仕組みです。

ところが私たち日本人は、所有権なしに生きていけないくせに、その恩恵が一神教に由来することをあまり意識していません。そして、「私は神の所有物じゃない、そんなこと神に言われたくない」、という感想をもつのです。

でももし、Ｇｏｄがほんとうに人間を造ったのだとしたら。Ｇｏｄからは、人間はどうみえるだろうか。

で、例をあげてみましょう。ロボコンに出ることになった大学生です。大学生がロボットを造るのは、Ｇｏｄが人間を造るのとまあ同じ。大学生は、ロボットを設計し、電線や乾電池など材料を買ってきて、組み立てた。さあ、優勝するぞ。でも成績が悪かったら、だめなロボットはスクラップにして、捨ててしまうことができる。ロボットは大学生の所有物で、大学生に使用・収益・処分の権利があるからです。さて、そのロボットが、「私はあんたに造られた覚えなんかない」と言い出したら、大学生はどう思うか。ただでさえ出来の悪いロボットが、口ごたえまでしたら、ますます許せないと怒るでしょう。

人間がＧｏｄに造られたのだとしても、そのことを覚えているはずはありません。Ｇｏｄに教えてもらうしかない。それを教えているのが一神教です。それを教えてもらったあとでは、「私はＧｏｄに造られた覚えなんかない」とは、怖くてなかなか口にできなくなる。これが一神教の世界なのです。

Ｇｏｄと人間の関係を、まとめましょう。

Ｇｏｄは人間を、絶対的に支配しているのです。なぜそう言えるか。それは、Ｇｏｄが天と地とすべてを創造し、人間も創造したからです。

このＧｏｄの、「絶対的主権」の考え方がわからないと、一神教は理解できません。

キリスト教はもちろん、ユダヤ教も、イスラム教もわからない。日本人が一神教の考え方を理解するには、「学習」しなければなりません。なぜなら、日本文化のなかに、こうした考え方はかけらもないからです。

神は怖い

橋爪 さて、こういう絶対的主権者であるGodを前にしたら、人間はどういう感情を抱くか。『ふしぎなキリスト教』にはどう書いてありましたか?

受講生 Godは「怖い」、です。

橋爪 そう。まず、怖い。怖くて怖くて仕方がないから、怖いと口に出すこともできない。それぐらい怖い。当然、逃げたくなります。でも、どうしたら逃げられるかもわからない。

ユダヤ教の神ヤハウェ(エホバともいう)が、まさにそういう怖い神、強い神です。そこにイエス・キリストが現れて、別の神のスタイルを提示しました。神が人間の主権者であるという点はまったく変わらないのですが、人間に対する神の態度が変わった。

イエスは、神が怖く思えるのは、神がじつは人間を大事にしているからだ、とした。神が人間を大事にすることを愛と呼び、神の厳しさは愛なのだ、と言ったのです。愛とは、手助けをしたい、救いたいということ。神は人間に対してこういう態度を取っているというふうに、神を考え直した。これがキリスト教なのです。

こうしてキリスト教は愛の宗教になるのですが、それには、まず神は「怖い」という感覚があり、そのうえで「愛されている」と言われる。人間は、「ああ、よかった」となる。こういう順番になります。愛の中に怖さが隠れているとも言えるし、怖さの中に愛が隠れているとも言える。怖さと愛のサンドイッチです。

『ふしぎなキリスト教』で大澤真幸《まさち》さんが、「そんなに愛しているのなら、全員を許せばいいのに」と、疑問を投げかけています。日本人からすれば、たしかにそう思いたくなる。でも、一神教のＧｏｄはそんな甘いことは言わず、「最後の審判があって、あなたが赦されるか赦されないか、それまではわからない」と言うのです。

愛していると言いながら、本当に愛しているかどうか、最後までわからないと言っている。やはり半面として、怖い神なのです。愛と厳しさ、この二つが縒《よ》り合わさっているのがキリスト教の、神と人間の関係です。人間は弱いから、自分だけでは生きられない。神に赦されなければ、生きていけない。

神の冒瀆とはなにか

橋爪　さて、一神教の世界で、もっとも罪深いこと、Ｇｏｄに対して人間がもっともやってはいけないこと、は何でしょう？

受講生　神の存在を信じないこと！

橋爪　神の存在を信じない。なるほど。たしかに、感心したことではない。でもまだ、上があると思いません？

受講生　神に背くこと！

橋爪　神に背く。それも感心したことではない。でもまだ、もっと上がある。

受講生　神を冒瀆《ぼうとく》する！

橋爪　神を冒瀆する。だんだん近づいてきました。じゃ、どうやって冒瀆しよう？

受講生　ほかの神を信じる！

橋爪　ほかの神を信じる。一神教に、ほかの神はいますか？

受講生　ほんとうはいない、はずです。

橋爪　ほんとうはいない。はずなのに、それをＧｏｄの代わりに神だと思って拝む。ということをすれば、冒瀆になります。

ところでイエス・キリストは、なぜ死刑になったのでしょう?

受講生 神を冒瀆したから。

橋爪 どのように、神を冒瀆しましたか?

受講生 自分を神の子だと言ったから。

橋爪 「神の子」とは言っていないと思うが、ユダヤ教の指導者たちを怒らせるようなことを言った。それは、もっともむごたらしい刑罰である、十字架につけられるほどの罪だったのです。これについては、クエスチョン2でもまた触れます。

聖書を買おう

橋爪 さて、Ｇｏｄがすべてを創造した、と書いてあるのが聖書です。

みなさんは、お家に聖書がおいてありますか?

受講生 ………

橋爪 なければ、買いましょう。いや、真面目な話。宗教を勉強するなら、私の授業を受けるよりまず、聖書です。

聖書を買うのに、注意したい点がいくつかあります。

日本の書店で売っているのはたいてい、日本聖書協会の「新共同訳」です。これでいいのですが、いくつも種類がある。

第一に、旧約聖書と新約聖書が一冊になっているのを買うのは当然として、できれば、「旧約聖書続編つき」を買いましょう。旧約聖書の「続編」とは、もと

新共同訳、旧約聖書続編つき、引照つきの聖書　ISBN978-4-8202-1243-0

もと聖書として読まれていたものが、いろいろな事情で本編から外された書物をいいます。これも大事なので、せっかくならこれがついているものを買う。

第二は、もっと大事なことだが、「引照つき」を買う。引照とは、要するに引用のことで、聖書の言葉が、ほかのどの箇所からの引用か、ほかのどの箇所で引用されているか、が書いてある。聖書は、引用の塊《かたまり》なので、これが書いてなければ話にならない。

引用をおさえるのは、聖書を読むのにとても大事。例をあげましょう。

新約聖書の福音書*に、「イエスが十字架に架けられると、『エリ、エリ、レマ、サバ

クタニ（主よ、主よ、なぜ私を見捨てたもうたのですか）』と言った」と書いてあります。これだけを読むと、いよいよ苦しい最期の瞬間に、ふと「自分は神に見捨てられたんじゃないか」という疑いが頭をかすめた、というふうに読めてしまう。でもそうではない。

じつはこれは、『詩篇』22篇からの引用なのです。そして『詩篇』22篇は、神への敬虔な帰依《きえ》を表すもの。福音書の著者は、誰でも知っているだろうと思って書いているわけですが、これが引用だとわからなければ意味が伝わらない。

「引照つき」なら、これが引用であることはすぐわかるが、日本語の聖書はどういうわけか、ほとんど引用がついていないのです。英語の聖書なら、必ずと言っていいほど引用がついている。

ほかにも例をあげましょう。

福音書　福音とは、イエス・キリストの言葉のこと。福音書とは、イエスの言動を記録した文書のこと。新約聖書には四つの文書（マタイによる福音書、マルコによる福音書、ルカによる福音書、ヨハネによる福音書）が収められており、それぞれイエスの死後、各教会に伝わるイエスの言動に関する伝承がまとめられた。それぞれの福音書によって内容は少しずつ異なる。

イエスが荒野で四十日断食をした。そうしたらサタンが現れて、問答をしかけた。「腹が減ったろう。石をパンに変えたらどうだ。」と。イエスは答えます。「人はパンのみにて生きるのではない。神の口から出る一つひとつの言葉によっても生きる、と書いてある。」引照をみると、これは『申命記』8章3節からの引用だとわかる。イエスは思いつきで答えているのではなく、聖書を引用しているのです。

サタンも負けじと、聖書を引用します。「おまえが神の子なら、高いところから飛び降りてみせたらどうだ。天使が、おまえの足がくじけないように支える、と書いてある。」(『詩篇』91篇11〜12節)。これに対してイエスは、「汝の主である神を試してはならない、とも書いてある。」(『申命記』6章16節)と切り返す。

まさに引用合戦。ディベートはこうやりなさい、というお手本です。

聖書はお互いを引用しあう関係の塊です。こういう引用の関係を理解することが、聖書を読むことだと言ってもいい。

聖書とはなにか

橋爪　ところで、聖書の本文は何語で書かれているのでしたか?

受講生　ギリシャ語だと、書いてありました。

橋爪　よろしい。でもそれは新約聖書。

旧約聖書は？

受講生　ヘブライ語！

橋爪　そうですね。では、旧約聖書の本物は、どこにあるのか。

旧約聖書は、スクロール（巻物）になっていて、写本から写本へと筆写を繰り返してきました。古い写本は廃棄されて、なくなった。現存するいちばん古い写本は、レニングラード写本と呼ばれるもので、一〇〇八年ごろのものと言われています。聖書の校訂には、主にこれを使う。およそ千年前の古い写本だけれど、聖書の成立そのものに比べるとかなり新しい。

新約聖書も、グーテンベルク（一三九八？〜一四六八年）の活版印刷が広まる十六世紀までは、写本のかたちで流布してきた。

「新共同訳」は、日本のカトリックとプロテスタントが協力して、最新の聖書学の成果を盛り込んで翻訳したものです。よい訳だと思いますが、旧約聖書の部分は、もともとユダヤ教の聖典だったものをキリスト教徒の立場から翻訳しているために、ところどころ問題もある。

ためしに、『創世記』の冒頭のところを読んでみて下さい。

受講生 「初めに神は天地を創造された。地は混沌であって、闇が深淵の面にあり、神の霊が水の面を動いていた。」

橋爪 はい、ありがとう。

いまの部分を、ほかの翻訳（NRSV＝ニュー・リバイズド・スタンダード・ヴァージョン）で読んでみましょう。

In the beginning when God created the heavens and the earth, the earth was a formless void and darkness covered the face of the deep, while a wind from God swept over the face of the waters.

問題は、「神の霊が水の面を動いていた」という箇所。対応するのは“a wind from God swept over the face of the waters”＝「神から吹いてきた風が、水の上を動いていた」となる。創造に先だって動いていたのは、spirit＝霊ではなく、wind＝風なのです。

この箇所の注を見ると、“or the spirit”と書いてある。昔は風（ヘブライ語でルーアッハ）をスピリットと訳していたけれど、いまは必ずしもそう訳しません、という意味です。

もともとユダヤ人は、霊魂の存在を認めなかった。人間は、神によって土から造られたから、死ねば土に還る。人間の生命は、神に吹き込まれた息吹（風）である。その息吹が取り上げられると、人間はもとの無機材料に戻るという、いわば唯物論に近い発想なのです。そのユダヤ人が書いた『創世記』の冒頭に、「神の霊が吹き荒れていた」と書いてあるはずがない。ここは「神からの風が吹いていた」が正しい。

けれどもキリスト教は、三位一体説*をとっているので、天地創造の初めから神の「霊（聖霊）*」が存在してほしい。そこでこの箇所をどの聖書でも、ずっと霊と訳してきたのです。そこで新共同訳では、聖書学的には「風」と訳すほうがいいことを十分に承知のうえで、やはり「霊」と訳している。こうでないと、教会で使いにくい。

三位一体説　父なる神、子なるイエス・キリスト、聖霊は、唯一の神が三つのペルソナで現れたものであり、実質はひとつであるとする説。三八一年の第一回コンスタンティノープル公会議で正統教義と認められた。

聖霊（霊）　地上の人びとにさまざまな働きかけを行なう、神やイエスのはたらきのこと。イエスの死後、最後の日までは、神と人間とをつなぐ唯一の連絡手段となる。

じつは聖書は、翻訳なので、こういう箇所があちこちにあります。だから日本語の聖書を買ってきて、「聖書は神の言葉だから」と、日本語に書いてある通りに読めばよいというものではない。でも、ヘブライ語で読むわけにはなかなかいかないでしょう。

そこで対策として、英語の聖書（Study Bible といって、聖書学の立場からの注釈がたくさんついているものがよい）が割安の値段で買えるので、新共同訳のほかに、これを手元に置いておくとよい。おかしいなと思ったら、英語版でダブルチェックする。

ここまで、わかりましたか。

受講生 ハイ。

橋爪 ではもうひとつ、日本語の聖書には注意したほうがいいという、例をあげます。それは、「主の祈り」の箇所です。

英語の聖書と日本語の聖書では、どう違うか。英語版として、四百年ほど前に訳された King James Version（ＫＪＶ、いわゆる欽定訳）を、日本語版は、通常使われているものを紹介します（聖書の該当箇所は『マタイによる福音書』6章9～13節、『ルカによる福音書』11章2～4節）。

まず、日本語版から。

「天の父よ　み名があがめられますように　み国が来ますように　みこころが天で行われるように、地上でも行われますように。」

この箇所は、KJV（欽定訳）では、こうなります。

Our Father which art in heaven, Hallowed be Thy name. Thy kingdom come, Thy will be done in earth, as it is in heaven.

日本語だと「みこころ」ですが、英語版にそんなことは書いてありません。そもそも神に「こころ」などない。そこで英語を見ると、Thy will、つまり意志です。意志が行なわれるように、であって、こころではない。

その続きは、

「私たちに今日もこの日の糧をお与え下さい　私たちに罪を犯した者をゆるしましたから　私たちの犯した罪をおゆるし下さい。」

これだとあたかも人間が、自分の罪（原罪）を赦して下さいと神に頼んでいいように読めるし、人間が他人の罪を赦してもいいようにさえ読める。でも英語版（KJV）

をみると、罪とあるのは debts、つまり借金や過失のことにすぎない。他人の過ちをとがめたりしないから、どうか私たちの過ちをとがめないで下さい、と言っているのです。(もっとも英語の聖書でも、sin と訳しているものもあります。)

さらにその続きは、

「私たちを誘惑から救いだし、悪からお救いください。み国もちからも栄光も、とこしえにあなたのものだからです　アーメン。」

最後の「み国もちからも栄光も、とこしえにあなたのものだからです」は、欽定訳(KJV)の加筆で、もとの聖書本文にはない。教会で主の祈りの最後をそう結んでいたので聖書もそれに合わせましょうと、一行つけ加えてしまった。英語の聖書にしても、注意が必要です。校訂のしっかりした Study Bible を見てみると、この一行はありません。

このように、聖書といってもいろいろです。

聖書を読むことはキリスト教徒にとって大事なのですが、どの聖書を読むかにまず、注意しなくてはならない。

クエスチョン2

Godと人間のあいだを、どうやってつなぐか

イエスは何者か

橋爪　Godは人間とこれほど隔絶した存在。人間は、怖くて神に近づけず、神と人間のあいだが疎遠になってしまいます。でも関係がなければ、宗教にはなりません。では、どのように、人間はGodに従うのか？

受講生　聖霊が、伝令みたいに、Godの言葉を人間に伝える。

橋爪　なかなかいいですね。

受講生　旧約聖書では預言者が、伝える。

橋爪　そうですね。

キリスト教ではたしかに、聖霊が大きな働きをしますが、イスラム教やユダヤ教には聖霊はない。ということは、聖霊がなくても、一神教は成り立つのです。

では、聖霊と預言者、だけだろうか？

受講生　聖書！

橋爪　聖書。神の言葉ですね。ユダヤ教の伝統から、預言者が現れた。預言者（prophet）は、Ｇｏｄの声を聞く。それをまとめたのが、聖書（聖典）です。

受講生　でも現在、ユダヤ教に預言者はいません。

橋爪　はい。いつのころからか現れなくなった。最近は、まったく現れない。預言者が現れないので、これまでの預言者の言葉をまとめた、『タナハ』というユダヤ教の聖典を中心にして、生きていくのがユダヤ教です。彼らは、Ｇｏｄと連絡が取れなくても我慢しているのです。

キリスト教は、この『タナハ』をそっくり拝借して、旧約聖書にしました。預言者について大事なのは、彼らが神ではないという点です。Ｇｏｄではなくて、あくまでも人間。彼らをもし神みたいなものとして崇めてしまうと、一神教ではなくなってしまいます。預言者はあくまでも「器」（媒介）。神の言葉を運んでくるだけで、神ではないと考えるのです。

この論理をもっとも徹底しているのが、イスラム教です。イスラム教では、預言者ムハンマド（五七〇？～六三二年）を拝むことはもちろん、ムハンマドの絵を描くことも厳しく禁止しています。アッラーだけが神であることを、強調している。

ユダヤ教にも預言者はたくさんいますが、やはり預言者が預言者以上の存在にならないように、注意している。

たとえば、預言者のなかでもっとも偉大な、モーセ。[*]モーセは、ヤハウェから律法を授かり、それが「モーセ五書」[*]にまとめられて、ユダヤ教の律法になっているぐらいの重要人物で、しかもヤハウェの忠実なしもべでした。にもかかわらず、ヤハウェの怒りにふれ、約束の地（神がイスラエルの民に与えると約束したカナンの地のこと。現在のパレスチナ）に入ることを禁じられて、途中で死んでしまった。ユダヤ教では預言者がどんなに偉くても、ひとたび神の怒りをかうと処罰され、人知れぬ山の中に埋められてしまうのです。墓はどこにあるかわからない、と聖

モーセ　ユダヤ教、キリスト教、イスラム教での重要な預言者。神の啓示を受け、エジプトで奴隷の境遇に甘んじていたユダヤ民族を数々の奇蹟（海を分けて民を通らせたなど）を起こして脱出させる。モーセはシナイ山で、神から石板に刻まれた「十戒」を授かる。ユダヤ民族はシナイ半島を四十年も彷徨《さまよ》った末にカナンの地に入るも、モーセはその目前に息を引き取る。

モーセ五書　天地創造から始まる『創世記』のほか、『出エジプト記』『レビ記』『民数記』『申命記』からなる。モーセが書いたという伝承があり、「モーセ五書」といわれる。トーラー（律法）ともいう。『タナハ』で特に重視されている。

書に書いてある。これは間違っても、預言者を崇めてはならないという警告になっている。このように、聖書にはあちこちに予防線が張ってあるのですね。

こうした伝統のもとで、洗礼者ヨハネが洗礼を授けた、ナザレのイエスという人物が、預言者みたいな（というか、それ以上の）活動をした。人びとはどう対応すべきか。ナザレのイエスは何ものなのかについて、当然、議論が起こるでしょう。預言者ではないか。エリヤ（旧約聖書に登場する預言者の一人）の再来だ、と言う人もいる。いや、別の預言者だ、と言う人もいて、にぎやかな議論になった。

新約聖書（『マタイによる福音書』16章14〜20節）によると、「みんなが、あなたのことをいろいろに言っています」と、弟子がイエスに報告する。するとイエスは、「おまえはじゃあ、どう考えるのか」と聞く。ペテロが「救い主で、神の子だと思います」みたいなことを答えると、「うむ、それは誰にも言ってはいけない」と言われた、ということになっています。

このようにイエスは、自分が預言者以上の存在だという自覚を持っていて、ペテロにはそのヒントを与えていたけれども、弟子たちはよくわかっていなかった。そして、十字架につけられて死んだあと、復活したので、やっとイエスが何ものだったのかわかった、という話になっています。

イエスは、預言者以上の存在なのか？　キリスト教の重要なポイントですね。

彼はいったい、何ものなのか。預言者でなければ、人の子（メシアのこと）。そしてついには、神の子だということになった。

預言者／メシア／神の子。この三つは、別々のものです。もちろんどれも、みなすごいことなのですが、預言者は、神の言葉を伝えるだけ。メシアは、救い主で、世直しの革命家ですから、メシアのほうがすごい。でも旧約聖書のいうメシア（ギリシャ語、ラテン語ではキリストという）はもともと人間で、神みたいなものとは考えられていなかった。ですから、一神教で「神の子」というのは、まったく次元の違う存在なのです。

このように三つは違うものですが、キリスト教では、預言者、メシア、神の子という三つを束にして、それをイエス・キリストに重ねて考えた。イエスはキリストで、神の子だと信じる。イエス・キリストが媒介になって、Ｇｏｄと人間がつながる。これがキリスト教の理解する、神と人間の関係です。イエス・キリストを通して、人びとがＧｏｄに従っていく。これが、キリスト教のやり方なのですね。

預言者はどのように現れるのか

受講生　預言者は、ほんとうはもっとおおぜい現れたはずだが、ニセ預言者とされ、殺されてしまったのではないか、と先生の本に書いてありました。

ほんとうの預言者を見分ける方法は、奇蹟を起こすことなんですか?

橋爪　預言者が奇蹟を起こす例はいろいろあります。

モーセが、イスラエルの民を解放しろと、ファラオの宮殿に乗り込んで行きますが、ファラオは拒否する。そこでモーセが手にした杖を投げ出すと、それがヘビになります。奇蹟ですね（『出エジプト記』）。ところが、エジプトの宮殿にも似たような人物がいて、杖を投げ出すとやはりヘビになった。これではおあいこです。するとそのヘビを、モーセのヘビが食べてしまった、などの闘いが繰り広げられ、奇蹟くらべみたいになり、最後にはモーセが勝つ、というお話です。この記事を見るかぎり、当時の宮廷には、奇蹟みたいなことを起こせる特殊能力をもった人びとがいるのが当たり前だったのかもしれない。

一神教の奇蹟は、神が起こすものなので、人間のわざである手品やマジックとは違うことになっています。

でも、ふつうのひとが不可思議な現象を見て、それがほんとうの奇蹟かどうか見分けられるものなのか。ただの手品ではないのか。というわけで、奇蹟だけを、預言者の証拠とするのには無理がある。

受講生　でも、人びとが奇蹟だと信じれば、預言者なのではないでしょうか。

橋爪　人びとが信じたら預言者だ、という理屈なら、ニセ預言者でも人びとが信じたらほんものの預言者、ということになってしまいます。ほんとうの預言者かどうか、それを決めるのはＧｏｄ。Ｇｏｄだけが、誰がほんとうの預言者か知っている。でもこれだと、ほんとうの預言者とニセ預言者を、人間は区別できなくなって、Ｇｏｄと交流できなくなります。一神教が成り立たない。ニセ預言者がまじっているとしても、ほんとうの預言者がいなければならない。そしてなにかの手がかりでもって、人間にも、その区別がわからなければならない。

そこで聖書を読むと、預言者は、おおむね以下の三つの条件をみたすことで、人びとに認められていきます。

第一に、それまでの預言者の語る神の言葉を踏まえていること。たとえば、モーセは誰もが偉大な預言者だと認めているので、モーセの預言を踏まえて、神の言葉を語る。イエスもそうしています。ほんものの預言者を、預言者と認められないようでは、預言者の資格がない。

第二に、先輩の預言者から、「おまえはほんとうの預言者だ」とお墨付きをもらう。これも効き目があります。イエスも、この形式を踏んで、先輩の預言者である洗礼者ヨハネに認められた。「わたしの後から来るものは、もっと偉大だ」と言ってもらったことになっている。

第三に、ニセ預言者を論破することです。おまえはニセ預言者だと相手を論破するならば、自分はほんものだったことになります。

イエスは荒野で断食したあと、サタンの挑戦を受けているでしょう。サタンは、旧約聖書を引用しながら論争をふっかけてくるので、ニセ預言者みたいなもの。それを論破して、自分の正しさを証明しているのです。

よく考えてみると、これら三つの条件をみたしたからといって、ほんとうの預言者であることの必要条件にも十分条件にもなりません。そこで、ほんとうに神の言葉をのべていても、ニセ預言者にされてしまうこともある。だからイエスも、神を冒瀆した罪で裁判にかけられ、有罪になり、殺されてしまった。

預言者が殺されることは、しばしばあったみたいです。イエス自身の言葉からも、それはうかがえる。エルサレムを前にイエスは、「エルサレム、エルサレム、多くの血を流して預言者を拒んだ町よ」(『マタイによる福音書』23章37節)と言っています。これまでの預言者たちが流した血を意識しているのです。ということで、この時代に大勢の預言者が殺されてきたという記憶が、当時の人びとのあいだにあったと推測できる。

結局、誰がほんとうの預言者か、その時どきの事情に応じて人びとが適当に決めることになるのですが、もともと人間にそんなことを決める権利はない。だから間違う。その間違いの最たるものは、神が送ったイエス・キリストを拒否して、処刑してしまったことです。キリスト教からすれば、そういう言い分になる。これにまさる人間の罪はない。

イエスがほんとうに神の子なら、なんでもできたはずですが、抵抗らしい抵抗もせず、イエスは十字架にかかって死んでしまう。これ以上大きな愛はない。という話を信じるかたちで、キリスト教はできあがっているのです。

イエスは一線を越えた

受講生 イエスは預言者以上のメシアだったということですが、それは、復活したからそう思われたのか、それとも生前からそう思われていたのでしょうか？

橋爪　それは重要なポイントです。

イエスがふつうの預言者だと思われていたら、彼の出現はユダヤ教の枠内の出来事として解釈されて、キリスト教が生まれることはなかったでしょう。イエスの言動は、預言者の伝統に従ってはいたけれど、重要な点で、預言者としての一線を踏み越える部分があった。福音書には、そういう記述が残っている。

たとえば、パリサイ人《びと》が来て、あなたの弟子たちが安息日に、空腹だからと麦畑で、ムギの穂をちぎって食べている。これは、安息日に労働してはならない、という律法に反している。そう、イエスに苦情を言います。するとイエスは、こう切り返す。聖書を読んだことがないのか。安息日にダビデとその一行は、神殿に入って、祭司しか食べてはいけないパンを食べたのだ。安息日のために人があるのではなく、人のために安息日がある、と言った（『マルコによる福音書』２章23～28節）。

パリサイ人は、モーセの律法だからこれを守りましょうという教条主義的な発想をします。だから、この発言は彼らにとっては驚愕でした。律法の文言そのものではなく、解釈のレベルにまで踏み込んで、応用自在に聖書の文言を駆使する。まるで、サッカーからラグビーができあがる瞬間のようです。だからこそ、彼らには許せないのです。

そういうことが福音書のあちこちに書いてある。

こうなると、当時の人びとがイエスの言動を目にして、やはり深刻な議論が巻き起こったと想像できます。彼が本物の預言者か、ニセ預言者かという議論もさることながら、預言者以上の権威をもって語る、この人は何だろうという議論。でもそれは、弟子たちにさえわからなかったのです。

弟子たちは、イエスが十字架に架けられて死んでしまうと、散り散りになって逃げてしまいます。もしも復活するとわかっていたら、墓の前で待っていたはずです。復活すると思っていなかったから、逃げてしまった。

マグダラのマリアをはじめ、イエスに従った女たちも復活するとは思っていないから、三日目に遺体を清めようと、墓に出向いた。すると墓は空っぽだった。それで驚いた、ということになっている。

これらのことが起こったあとで、これは一体どうしたことだろうという議論が、いちから交わされたのだと思う。そして、イエスはたしかに復活した、それは神の子だからだ、という考えになった。それを信じる人たちに、そう考えると、生前のイエスの言動がぴったり理解できる、という印象を与えたのです。こうして、ユダヤ教からキリスト教が生まれることになった。だから、いまの質問はとても大事なのです。

予言者と預言者

受講生 「よげんしゃ」は、予言者、預言者、とふた通りに書きます。先生の著書にも両方出てくるのですが、どう違うのですか？

橋爪 予言者は、英語で fortune teller のいみで、占い師。「なくした財布は○○にあります」「あなたの来年の運勢は……」みたいなことを言う人です。預言者のほうは、英語で prophet といい、神の言葉を預かる人といういみ。この違いを強調するために、予と預の字を使い分けるのが、日本の業界の習慣です。

預言者を表すヘブライ語を、ギリシャ語に訳したときに、prophet にあたる言葉をあてた。prophet の pro は、pre と同じで、「前」という意味なので、将来のことをのべるというニュアンスがまぎれこんだ。もともと預言者は、神の言葉を伝えるだけの存在。ヤハウェは、過去に反省をうながしたり、現在を説明したり、未来を約束したりする。特に将来のことだけを言うわけではない。この点からも、預言者を「予言」と結びつけて考えないほうがよい。キリスト教も、占星術みたいな民間の俗信と無関係なことを強調する関係から、「予言」という字を避けるのです。

クエスチョン3

イエス・キリストは、神なのか、人なのか

橋爪　イエス・キリストは、神なのか、人なのか。ここまでの議論を踏まえて、考えてみましょう。

受講生　神、です。

橋爪　神ですね。でも、人でもあったのではないか。一度は死んだのだから。じゃあ、角度を変えて、つぎの質問。イエスの母はマリアですが、父親は誰か？

受講生　大工のヨセフ、です。

橋爪　そうですね。大工のヨセフは、マリアと婚約していた。婚約しているあいだ、マリアは律法に従い貞操を守っていたのに、妊娠してしまいます。これは大変なことで、男性の側から婚約を破棄できる。ヨセフも悩んだが、そこに天使が現れて励ましてくれたので結婚

した、と書いてあります。
じゃあ、『マタイによる福音書』は、どのように始まっているか。大事なポイントなので、読んでもらいましょう。

受講生　読みます。

「マタイによる福音書。アブラハムの子*、ダビデの子*、イエス・キリストの系図。アブラハムはイサクをもうけ、イサクはヤコブを、ヤコブはユダとその兄弟たちを、（中略）ダビデはウリヤの妻によって、ソロモンをもうけ、ソロモンはレハブアムを、（中略）ヤコブはマリアの夫ヨセフをもうけた。このマリアからメシアと呼ばれるイエスがお生まれになった。」

橋爪　さて、新約聖書、マタイによる福音書の冒頭に、どうしてこんな系図がのっているのか。それは旧約聖書に、ダビデ王の子孫からメシアが生まれる、という預言があるからです。
　イエスが活動した当時、メシア待望論が盛り上がっていました。イエスの言動にふれた人びとは彼こそ、メシア（キリスト）ではないかと思ったのです。その証明が、ナザレのイエスはダビデの子孫である、ということなのです。

受講生　でもイエスは、ヨセフの子ではないですよね。

橋爪　そう、そこが問題です。大工のヨセフがイエスの父でなければ、ダビデの子孫とは言えない。ダビデの子孫であるためには、イエスの父はどうしても大工のヨセフでなければならない。

そのいっぽう、キリスト教にはもうひとつ大事な考え方がある。資料に配った『使徒信条*』をみて下さい。読みます。

「天地の造り主、全能の父である神を私は信じます。そのひとり子、わたしたちの主、イエス・キリストを私は信じます。主は聖霊によって宿り、おとめマリヤから生まれ、……」

アブラハム　ユダヤ民族の伝説的な祖先。方舟で大洪水を生き延びたノアの子孫。神の声に促され、それまで住んでいた大きな町ウルを出て、カナン（今のパレスチナ）に辿り着く。神はこの地をアブラハムの子孫に与えると約束する。その後、神はアブラハムに一人息子のイサクを犠牲に捧げるように命じる。神の言いつけに従いイサクの命を奪おうとしたとき、神の使いが現れ、アブラハムの信仰を祝福する（イサクの犠牲）。

ダビデ　二代目の王。羊飼いから身を起こして初代の王サウルに仕え、サウルがペリシテ人と戦って戦死したのちに王位に就くと、ペリシテ人を撃破し、エルサレムに都を置いて全イスラエルの王となる。旧約聖書の『サムエル記』『列王記』に登場し、伝統的に『詩篇』の作者とされてきた。イスラム教においても預言者の一人に位置づけられている。

使徒信条　キリスト教西方教会、すなわちカトリック教会とプロテスタント諸派が重んじる基本信条のひとつ。

とあるでしょう。

つまり、マリアが妊娠したのは、聖霊による。聖霊を通して、天なる神がイエスの父親になっているから、イエスは神の子。ならば、ヨセフの子ではない。『マタイによる福音書』にはヨセフが父だと書いてある。『ヨハネによる福音書』には天なる神が父だと書いてある。福音書によって、言っていることが違う。

いったいイエスの父は、ヨセフなのか、天の父なのか。どちらも父でないといけないので、これを両方とも信じるのが、キリスト教なのです。

クエスチョン4

なぜイエスが十字架で死ぬと、人間が救われるのか

人間が救われるとはどういうことか

橋爪 つぎは、きわめつきの大事なテーマ。イエスが十字架で死ぬと、なぜ人間が救

われることになるのか、です。

受講生　なぜ十字架刑でなければならなかったのでしょう？

橋爪　たまたまそうなったとも言える。洗礼者ヨハネは首を斬られたし、石打ちの刑になった預言者もいた。

イエスの場合、エルサレムで裁判を受け死刑判決が出たので、死刑執行はローマ総督が行なった。そこでローマ式の十字架刑になったわけだが、屈辱的な刑です。苦しい上に、名誉が損なわれるから、遺族も耐えられない。

受講生　「救われる」とはそもそも、どういう意味ですか？

橋爪　救われるとは、人間が、神に赦してもらう、神に罰せられない、という意味です。Ｇｏｄは人間を、いつでも自由に罰する権利がある。すでに説明した通りです。人間は繰り返し神に背いているから、いつどんな理由で罰せられても文句は言えない。これはユダヤ教、キリスト教、イスラム教、すべてに共通しています。

受講生　その罪とは、アダムとイブの原罪ですか？

橋爪　「原罪」（人間が本来的な性質として持つ、神に背かずにはいられない罪のこと）とは、キリスト教の考え方です。

罪とはもともと、神に背く、という意味です。アダムとイブの話はヘブライ語の聖書（『タナハ』）に出てくる。二人は神に背いて、罪を犯したのですが、ユダヤ教はそれを原罪と説明しません。原罪があるのなら、人間は罪を犯しても犯さなくても罰せられることになる。ユダヤ教では、罪を犯さなければ罰せられないと考える。イスラム教もそう。そこが違いです。

受講生　原罪ではなく、人間が犯してきた罪とは何でしょう。たとえば、ノアの方舟のときの罪とか？

橋爪　大洪水の前に、「地上に悪がはびこっていた」と聖書に書いてあるので、罪を犯した人がたくさんいたのでしょう。けれども洪水で、罪を犯していないノアの一族以外の人類は、すべて滅ぼされたから、罪は清算されてしまった。でも人間はそのあとも、つねに神に背き、罪を重ねているんです。そこで預言者は、人間の罪を告発する。旧約聖書にも、イスラエルの民がヤハウェに背いた記録がいたるところにあります。

洗礼者ヨハネは、悔い改めよと言いました。いつまでもこの世がこのままだと思うな。審《さば》きの日は近づいた、と。斧はおまえの足元に置かれている。悔い改めないなら、切り倒されて、炎の中に投げ込まれるだけだ、と言った。ヨハネは、ふつうの人間は、すべて悔い改めるべき罪びとだ、と言っているのです。

イエスは、ブドウは良い実がなるかどうかによって決まる。良い実がなる良いブドウは神が大事に手入れし、悪い実がなる悪いブドウは、切り倒されて火に投げ込まれる、と言っています。金持ちが神の国に入るのは、ラクダが針の穴を通るよりむずかしい、とも言っています。幼子を指して、この子のように素直でなければ、神の国に入るのにふさわしくない、とも言っています。福音書を読めば読むほど、自分が救われて神の国に行くのはとても無理かも、と思うようにできている。

救われる、赦されるとは、神が人間を罰して破滅させるかわりに、人間を受け入れ、神のまえで価値ある存在と認めてくれること。人間は、自分で自分を赦すことができない。問題は、神（Ｇｏｄ）と人間との関係だからです。そこで、イエス・キリストの死を、人間を救おうとしている神のメッセージだというふうに考える。

神に赦されるとはどういうことか

受講生　では、神に「赦される」とは、具体的にどういうことですか？

橋爪　キリスト教には、「最後の審判」があるでしょう。簡単に言えば、裁判です。Ｇｏｄが人間を審く。

最後の審判が始まろうというその日は、大地震、大津波、火山の噴火みたいな、あらゆる天変地異が起こります。そして、空(昼間は青い色にみえるドーム)が割れて、イエス・キリストを先頭に天使の軍勢が雲に乗ってやってきて、地上を直接統治するのです。

この天使の軍勢を、地上の悪者の連合軍が、メギドの丘(アル・メギド。訛って、のちにハルマゲドンといわれるようになった)で迎え撃つ。世界最終戦争です。もちろん悪者は天使の軍勢にかなうはずもなく、負けて、いよいよ地上にイエス・キリストの統治が実現する。そして審きが始まる。これが、最後の審判です。

最後の審判で大事な点は、一人ずつ審かれること。個人単位なのです。誰もが、自分に責任をもてばよく、ほかの人間に責任をもたなくていい。究極の個人主義なのですね。

さて、最後の審判も裁判なので、①裁くもの、②裁かれるもの、③罪状、④判決、から成り立つはず。

裁くもの(裁判官)は、イエス・キリストです。天の父は、イエス・キリストにすべてを任せて、自分は出てこない。

裁かれるものは、これまでに存在したすべての個人。これは、死んだひとも含みます。

罪状は、神に背いた罪。キリスト教の場合は、原罪（生まれながらの罪）を考えるので、人間なら誰でも罪があることになる。

判決は、無罪／有罪、のどちらか。無罪となることを、救い（赦し）という。有罪となることを、滅び（破滅）という。

こんなぐあいに、最後の審判は進行します。

一人ひとり裁くとすれば、だいぶ時間がかかるし、ほんとうならトイレにも行きたいしお腹もすくかもしれないが、なにしろみんな興奮しているから、順番におとなしく列をつくって、審かれるのを待っている。

受講生　有罪になった人は、殺されるのですか。

橋爪　最後の審判では、人間は死にません。生きたままで、罰を受ける。

それどころか、最後の審判を受けるためにそれまでに死んだ人が全員復活する。人間がひとり残らず復活することを、「普遍的復活」という。死者も復活させられて、審きを受けるのです。

先ほどの『使徒信条』には続きがあります。イエス・キリストについて、「そして全能の父である神の右に座し、そこから来て、生きている人と死んだ人とを裁かれます。

聖霊を私は信じます。また、聖なる公同の教会、聖徒の交わり、罪のゆるし、身体の復活、永遠の命を信じます。」

「死んだ人を裁く」と書いてあるでしょう。死んだ人を死んだまま裁いてもしょうがないので、死者に身体を与えて復活させ、生き返った状態で審くのです。そして、有罪になると、ゲヘナ（エルサレムの近くの場所の名前）というところへ連れていかれて、永遠の炎であぶり焼きにされます。

ふつう、あぶり焼きにされたら、すぐ死んでしまいますが、死ぬことができない。永遠に苦しむ。

これではあまりにひどいということで、カトリック教会は「煉獄」というものを考えました。永遠の炎が強火なのに対して、煉獄の炎はとろ火。最後の審判を待つ死者の控え室みたいなところで、とろ火で焼かれると、罪が次第に蒸発して、救いにふさわしい状態に浄《きよ》められていく。この状態になったところで、復活して審きを受ければ、赦されて神の国に招かれる確率が高くなるとされた。

こういうものを考えなければならないほど、最後の審判は厳しいということです。

受講生　イエス・キリストは人間を救うために死んだのに、全員が無罪になるとは限らないのですね。

橋爪　そうです。滅びへの道は広く、救いへの道は狭い。イエスが福音書のなかで、のべているとおりです。

だからこそ、自分はいったい救われるのかどうかが、キリスト教徒にとっては、人生最大の重大事になる。救われる可能性を高める足しになるのなら、社会生活などしている場合ではない。修道院に入って祈りの人生を送ろう、という人びとも続出した。

社会生活を軽視して、祈りの生活を重視するとは、社会剰余をすべて教会や修道院という非生産的施設につぎこむということですから、経済成長ができるはずがない。当然、社会は停滞します。それが、暗黒時代といわれた中世ヨーロッパ。キリスト教の教えに従って、経済成長ゼロの社会が千年あまり延々と続いたのです。

最後の審判は追試？

受講生　イエスの死によって人類の罪が贖《あがな》われるということでした。でも結局、人類は救われず、最終的に誰が救われるかは、最後の審判までわからない。これではだまされたようなもので、論理が矛盾していると感じます。

橋爪　そうかなあ。もともと原罪があるので、そのままなら全員救われないはずだったのが、イエスが人間の罪を負って死んでくれたおかげで、一部でも赦されることになった。チャンスが与えられたのだから、感謝しなければならない、という考え方なんです。

たとえば、私の大学（東京工業大学）の授業。本気で期末試験の「社会学」の問題をつくったら、学生は理工系ですから、みんな不合格になってしまうだろう。そこで、不合格になった学生向けに、翌月もう少しやさしい「追試」をすると発表した。学生は、喜ぶでしょう。でも、追試を受けても、合格になる学生と不合格になる学生がいる。どこにも矛盾はないと思うけれど。

追試があると聞いて、学生はなぜ喜んだのかな？

受講生　合格できるかもしれないチャンスが与えられたからです。

橋爪　かならず合格すると限らなくても？

受講生　チャンスがあった方がいい。

橋爪　この「追試」が、最後の審判です。

では、人類に「追試」を与えてくれたのは誰でしょう。キリスト教では、これがイエス・キリストなのです。

受講生　「追試」ということは、その前に最初の試験があったのですね。

橋爪　そう。最初の試験は、たとえば、ノアが方舟に乗った大洪水です。これで、方舟に乗らなかった地上の生き物は全滅した。そして、洪水のあとに「ノアの契約」が結ばれています。

洪水が収まり、ようやく水がひいて方舟がアララト山（トルコ半島にある高い山）に引っかかり、ノア一族が方舟から地上に出てきます。ノアは祭壇をつくって、ヤハウェを拝みました。するとヤハウェがノアに語りかけます。

「ノアよ、古い生命は滅びた。これから、おまえたちを洪水で滅ぼすことはしない。繁栄を保証する。これはおまえたちと交わす契約だ。空を見よ。雨が上がって、虹がかかっているだろう。あの虹は契約のしるしだ。今後虹を見るたびに、わたしとの契約を思いだすがよい。」

ヤハウェもやりすぎたかなと、少しは反省したようだ。でも、これは契約です。大洪水で滅ぼすことはない、と約束しているが、ほかの災害で滅ぼさないかどうかは、保証の限りではない。

ユダヤ教成立当時の周辺状況

<table>
<tr><th></th><th colspan="8">紀元前</th></tr>
<tr><th>エジプト</th><td>新王国
(前16世紀〜)</td><td rowspan="3">アッシリア、オリエントを統一(670)</td><td></td><td rowspan="3">アッシリア崩壊(612)
(エジプト・リディア・新バビロニア・メディナに分立)</td><td></td><td rowspan="3">アケメネス朝ペルシャ、オリエント統一(525)</td><td rowspan="3">アレクサンドロス大王の東方遠征(334)
(エジプト征服、ペルシャ滅亡)</td><td>プトレマイオス朝
エジプト</td></tr>
<tr><th>パレスチナ</th><td>出エジプト(1270頃)
ユダヤ人カナンに入植
ダビデ王即位(1004)
エルサレム神殿建立(965)
王国の分裂(926)
イスラエル王国滅亡(722)</td><td>ヨシヤ王の改革(622)</td><td>ユダ王国滅亡(612)
バビロン捕囚(586〜538)</td><td>ローマに征服される(63)
イエス誕生(4頃)</td></tr>
<tr><th>メソポタミア</th><td>古バビロニア王国
(前18世紀頃〜)
アッシリア帝国
(前14世紀頃〜)</td><td></td><td></td><td>セレウコス朝
シリア</td></tr>
</table>

ユダヤ教、キリスト教の苛烈さ

受講生　ユダヤ教やキリスト教は、なぜこれほど厳しい条件を課すのでしょう。わざとつらい条件をもうけて、人びとを無理やり信仰に追いやっている気がします。

橋爪　たしかに。ニーチェも似たようなことを書いています。

それは当時の社会情勢や国際情勢が、それに輪をかけて厳しかったからではないか。

高校野球の鬼監督が、千本ノックで部員をしごいている。そうやって鍛えないと、県予選を勝ち抜いて、甲子園に出ることはできない。練習が厳しいのは、試合がもっと厳しいから。練習がどんなにきつくても、甲子園に出られたら、生徒は監督に感謝するでしょう。これみたいなもので、ヤハウェがそれだけ厳しくないと、イスラエルの民は、国際情勢にもみくちゃにされて、消えてしまう恐れがあった。

社会情勢としては、当時の古代社会が、奴隷制だったことが大きい。奴隷制とは、人間の主人が人間である状況です。人間を人間が所有している。この章の冒頭で説明したような、排他的、独占的な支配権を、人間がもっている。奴隷には、人間としての権利も尊厳もない。これは過酷な状況だと思います。

ほんとうはＧｏｄが主人であるという考え方は、人間が主人であるべきでないという意味。奴隷にとって、自分の主人を相対化できる。そう思わなければ生きていけないような過酷な運命があった。それが信仰のあり方に反映しているのです。

受講生　関連して、旧約聖書の『創世記』で、ヤハウェがアブラハムに一人息子のイサクを犠牲に献げるよう命じます。いくらなんでも、厳しすぎると思うんですが？

橋爪　アブラハムは老齢で子どもがなくて落ち込んでいたら、やっと子どもを授かった。子どもがいてこそ、一族が繁栄できる。財産より、自分の生命より、息子のイサクが大事なはずです。

ところがアブラハムは、その一人息子を、神に命じられると、ためらいなく差し出そうとした。自分にとっていちばん大事なものよりも、神のほうが大事、ということを態度で示した。神に対する敬虔な服従のしるしです。これをみて、神は満足した。

一神教は、人間に価値がなく、神に価値があるという、神中心の思想だから、これでよい。

神にとっても、自分の一人息子は大事です。人間が、神の与えた律法を守ることができず、このままでは滅びるしかなくなったとき、ヤハウェはたぶん、アブラハムがイサクを犠牲にしようとしたことを思い出した。そして、自分の一人息子(神の子)を、人間のために犠牲にしようと、地上に送り出すことにした。自分のいちばん大事なものを差し出してでも、人間との関係をよりよいものにしようというのですから、これは完全な愛。いちばん大事なものを差し出すという点で、イサクの犠牲とパラレルな出来事なのです。

べつに聖書に、イサクの犠牲と、イエス・キリストの十字架が、パラレルだと書いてあるわけではない。けれども、こうしたＧｏｄと人間との問わず語らずの関係を、感じとっていくのも信仰だと思うのです。

受講生　それにしても、イエスが十字架で犠牲になると、なぜ人間が救われるのか、もういちど、わかるように教えて下さい。

橋爪　これには、数えきれないくらい、多くの説明が考えられてきました。『世界がわかる宗教社会学入門』で紹介した説は、私がわかりやすいと思う説明のひとつです。

旧約聖書にも書いてあるように、復讐法は古代世界の常識でした。「目には目、歯には歯」の、同害報復の原理です。

氏族Aの一人（a）が、別の氏族Bの一人（b）に殺された。すると、氏族Aの人びとが、氏族Bに復讐に押しかけます。一人殺されたのだから、犯人bを一人殺せばおしまい。ところが、間違えて犯人の兄弟（b′）を殺してしまい、殺してからそのことに気がついた。そうすると、復讐はすんでいるので、犯人bは、罪があるまま赦される、という状態になる。罪のないb′が身代わりになって、殺されたおかげです。

この論理をイエス・キリストと人類に置き換えるなら、罪のないイエスが人類の罪を背負って死んだので、人類は罪があるまま赦される、という結論になる。復讐法を前提とする人びとには、受け入れやすい考え方です。

受講生　でもやはり、全員が救われるわけではないのですよね。

橋爪　神の子イエス・キリストが、身代わりに罪を背負って死んだおかげで、救われる可能性が与えられた。でも本当に救うかどうかは、イエス・キリストの自由裁量になったのだと思います。

人類を救うためにイエス・キリストが現れた、と信じるのが「福音」ですね。福音が告げられても、神の愛を信じないとしたら、それは、人間がみずから神と人間の関係を破壊していること、つまり罪になってしまいます。

クエスチョン5
キリスト教は、政治をどのように考えるのか

キリスト教の場合

橋爪　キリスト（メシア）は、王（政治的リーダー）なのか。

イエスが活動した当時のユダヤ人社会には、ダビデの子孫のなかからメシアが現れるという、メシア待望論がありました。メシアとは、「油を塗られた者」という意味。油は高価なもので、王が即位する場合に預言者が塗った。預言者が後継の預言者に塗る場合もあった。現れるはずの救世主（人の子）のことも、メシアと呼んだのです。

メシアは、実際に社会の改革を行なって、世の中をつくり変えるだろうと期待されたので、政治的リーダー（端的に言えば、王）としてふるまうと信じられた。ナザレのイエスも、そうした意味での王ではないかと、思った人びともいた。

では、イエスが王らしいかと言えば、ただの大工のせがれで、あちらこちらをほっつき歩き、最後には捕まって殺されてしまう。王らしいところは少しもない。でもそれは、人間として、人間の苦しみを受けるために地上にやってきたから。もう一回やってくる再臨のときには、イエス・キリストは王としてやってくる。そう、キリスト教徒は信じます。

十字架のイエスの絵をみると、十字架のうえに「ＩＮＲＩ」と書いてあるはず。ＩはＪのことなので、これは、「ナザレのイエス、ユダヤの王」と読む。ローマ人が嘲笑のために、十字架につけたものですが、信仰の立場からは、本当に王であるべき存在、と理解する。

イエス・キリストは主、つまり本来、王なのです。キリスト教徒は、Ｇｏｄが直接に自分たち人間を統治することを理想とする。なぜなら本当の統治者は、人間ではなくＧｏｄだから。でもそれが実現するのは、最後の審判のあとです。最後の審判まで、Ｇｏｄは地上に干渉しないので、地上のことは人間だけで解決するしかない。

では、このような状況でキリスト教徒は、政治をどのように考えればよいか？

受講生　神の声を聞ける人が、政治を行なうのではないでしょうか。

橋爪　神の声が聞ける人とは、預言者ですね。

キリスト教では預言者は、「やがてイエス・キリストが現れる」という預言をしたと位置づけられる。ゆえに、イエス・キリストが現れたあとでは、もう預言者は出番がない。実際にも預言者は現れないので、預言者を中心に政府をつくることはできません。

だから、このオプションはなし。

受講生　神を信じる世俗権力者に、任せるのではないですか。

橋爪　神を信じていれば、権力者になる資格があるということですね。

初期キリスト教の時代には、信仰を持たない世俗の人物が統治者でした。ローマ皇帝です。皇帝に対してキリスト教徒がとった態度は、よく知られているように、「カエサルのものはカエサルに」。ローマの税金は払うし、ローマの法律も守った。イエスも、ローマの税金を払うなとは言わなかった。教会は、ローマ皇帝の統治権を承認し、政治に関与しなかった。あとでキリスト教徒が統治者になるようになったが、でも、統治者が定める法律は、世俗の法律です。

その社会、その地域で通用している世俗の法律を守る。これが当初からの、キリスト教徒の習慣です。

ユダヤ教の場合

橋爪　ユダヤ教は、違います。

ユダヤ教には、日常生活を拘束する宗教法（律法）がある。それは、地元の世俗法と衝突する場合が多いのです。ユダヤ人はユダヤ法を優先したいが、そうするとトラブルが発生する。トラブルを解決するには、ユダヤ人コミュニティの自治権を認めてほしいと、地元の政権に交渉することになる。その内容は、ユダヤ人同士の紛争はユダヤ法によって解決させてほしい、納税や治安の維持などにはユダヤ人コミュニティが責任をもつ、ユダヤ人と地元のキリスト教徒などとのあいだのトラブルは地元の法律で裁いてもらう、というようなかたちになります。

キリスト教には、ユダヤ教の宗教法にあたるものが特にないので、こうした意味での自治権を求める交渉をする必要がありません。

イスラム教の場合

橋爪　イスラム教は、その最初から、預言者ムハンマドが政府をつくりました。ムハンマドは、軍司令官と政治家と裁判官を一身に兼ね、預言者としても活動を続けて、イスラム共同体（ウンマ）のすべての責任を負いました。

このように、宗教と政治組織が一体化した体制を、神聖政治といいます。これは、一神教の理想状態です。ただし、この状態は永続しません。すべての権威を兼ね備えた預言者が、死亡してしまうからです。

イスラムの基本信条によれば、ムハンマドは「最後で、最大の預言者」。ムハンマド以前に預言者はいても、ムハンマドよりあとに預言者はいない。つまり、ムハンマドの預言者としての地位は継承できません。ムハンマドのいないイスラムの政治を、どのように組織すればよいか。

そこで、ムハンマドの地位は、政治家・軍事指揮官と、法学者・裁判官と、二つに分けられた。

前者は、カリフ。これは預言者ではないが、預言者の「代理人」として、統治権力をふるう。カリフの地位は、最初の四代は合議によって、そのあとは世襲によって、継承されていった。やがてカリフは途絶え、各地にスルタンやアミール（カリフの代理人やそのまた代理人）などの統治者が分立する状態となって、現在にいたる。

後者は、イスラム法学者。イスラム法に詳しい知識人で、大学などの専門機関で養成され、イスラム共同体を指導、統治者のアドバイザーもつとめる。

政治家と法学者が手を携えることで、イスラム共同体（ウンマ）は世俗と宗教が一体となったものとして、営まれる。これが、イスラムのやり方です。

ユダヤ教とイスラム教の違いは、ユダヤ教が地元で少数派であること。少数派なので、多数派の異教徒と交渉して、宗教的自治を獲得する。これに対してイスラム教は、おおむね多数派なので、こうした交渉をする必要がない。むしろ、イスラム共同体のなかに散らばるユダヤ教徒やキリスト教徒と、どうやって共存するかを配慮する立場になる。イスラム教は、ムハンマドに先行する預言者たちをアッラーの言葉を伝える預言者と認めているので（130ページ参照）、宗教的寛容を内蔵しているのです。

再びキリスト教の場合

橋爪　ユダヤ教とイスラム教のケースを示したところで、もう一度、キリスト教の政治との関わりを考えましょう。

初期のキリスト教はローマ帝国から弾圧されて、政府と関係をもつどころではありませんでした。でも、弾圧に耐えているうちに信者が増え、増えてくると政治の側に利用価値が出てきた。衰亡期を迎えたローマ帝国の、社会秩序の維持に協力を求められます。それとひき替えに、ローマ帝国はキリスト教に特権的な地位を認め、優遇しました。

こうしてローマ帝国のキリスト教化が進み、キリスト教会との二人三脚の状態になるのですが、そうこうするうち、分裂し、西ローマ帝国はゲルマン民族に打ち倒されて、あっけなく滅んでしまう。後ろ盾を失ったキリスト教会は、ゲルマンの統治者たちをキリスト教に改宗させ、新たな庇護者として、協力関係を築く道を選んだのでした。

以上をまとめての、結論。

キリスト教徒は、その時どきに力のある統治者に、政治を任せる。その統治者はキリスト教徒であることが望ましいが、絶対というわけではありません。その統治者に協力する条件は、信仰が守られること。これがキリスト教の、政治とのつきあい方です。

この結果、世俗の権力は国王が担い、宗教的権威を教会が担う、という二元的なシステムになった。これを、「二王国論」といいます。こうして、政治と宗教の二元論、言葉を換えれば、政教分離が、西欧キリスト教の原則になった。

ここまで、よろしいですか。

受講生　ハイ。

クエスチョン6

キリスト教は、死についてどのように考えるか

キリスト教徒の死

橋爪　キリスト教は死について、どのように考えるのでしょうか。

キリスト教では、人間が死んだあと、霊魂がフワフワ漂っているというような考え方を認めない。霊魂の存在を認めないのですが、それなのに、個々人の人格は永遠不滅だと考えます。なぜか。個々人の人格をそのつど、Ｇｏｄが造り、そしてＧｏｄが

死なない（永遠である）からです。人格とは、そのひと個人を成り立たせる意識、記憶、性格、感情、愛情などのこと。それをＧｏｄが覚えていて、責任をもって、時期がくれば肉体を与えてよみがえらせる。肉体は、元のものとはとりかわってしまうわけですが、肉体は個人の人格とは関係ないから、気にしない。

これはたとえると、こんな感じです。人間がバイオコンピュータで、人格がカスタマイズされたソフトみたいなものだとすると、そのデータが全部、Ｇｏｄのもっているメガディスクに保存されている。コンピュータのハードウェアが壊れても、そのうち、新しい上級機種のコンピュータを与えられ、データがインストールされて動き出す。これが、復活ですね。

受講生　復活があるので、キリスト教では土葬なのでしょうか。

橋爪　たしかに土葬は、寝て待っている感覚が、復活のイメージに合致します。でも、火葬でいけないことはないと思う。たとえば、洗礼者ヨハネは、「イスラエルの民、アブラハムの子孫だと言って、おまえたちは威張るな。世界を創造したヤハウェは、そのへんの石ころからでも、アブラハムの一族をつくることができるのだ」、と言っています。

こう考えてよいなら、Ｇｏｄは全知全能だから、死体が行方不明になったり、燃えて灰になったりしても、もう一回その個人の肉体をつくるのなんか朝飯前です。ゆえに火葬でも、なんの問題もない。

受講生 復活があるなら、キリスト教徒は死を恐れないのでしょうか。

橋爪 ひとがいつ生命をえて、いつ生命を終えるのか、Ｇｏｄがすべて命じていることなので、そのことを思い悩まないのが、正しい態度です。「あすのことを思い悩むな。空を飛ぶ鳥でさえ、神の許可なく、一羽も地面に落ちはしない。野の花をみなさい。彼らは耕さず、紡がないけれども、みな神が支えている。」みたいにイエスがのべたと、福音書に書いてあるとおりです。「主の祈り」にも、「私たちに今日もこの日の糧をお与えください」とあります。明日や来年のぶんを与えてくださいとは願っていないでしょう。明日のことは明日になってから心配するように、というのもイエスの言葉です。

つまり、生死に関わることを思い悩むのは無駄である。そもそも明日のことを思い悩む資格など、人間にはないと言っているのです。

キリスト教と生命

橋爪　死と同様に、人間が生まれるのも神の業である、と考えます。顕微鏡ができて、精子と卵子の受精の様子がみえるようになった。これをカトリック教会で議論した結果、受精の瞬間に、人間は人間になる（特定の個人になる）と決定した。受精するところに、神の手がはたらいていると考えることにしたのです。Ｇｏｄがその人間を、そのつど創造しているという考え方の具体化です。

そうすると、中絶が認められなくなる。受精したあとの胚を、なしにしてしまうのが人工妊娠中絶です。胚には人間の人格が宿っているはず。ゆえに中絶は、神の業を人間の手でとどめてしまうことになるので、神に背く行為であり、認めることができない。ついでに、その前段階である受胎調節も、神の業に対する介入であるから認めない。

受講生　その考え方では、医療などの救命はどういうことになるのでしょうか。

橋爪　死んでも、復活するのなら、救命などしなくてもいいのではないか、ということになりそうですが、聖書には人間の寿命について、興味深い記述があります。ヤハウェが人間の寿命を、百二十年とした、と書いてあるのです。したがって、百二十年より前に死ぬのは早すぎる、のです。この考え方だと、キリスト教徒の医療の目的は、人間を、その寿命である百二十歳にまで生き長らえさせることである、ということになる。

以上をまとめて、結論。

キリスト教徒は、人間が死ぬのは間違いだ、と考えている。人間は罪の結果死ぬのですが、それは、人間とＧｏｄの関係が正しくないことの結果。かりそめの、不正常な状態です。イエス・キリストが復活したのは、すべての人間が将来、確実に復活するという意味です。したがって人間の生死を思い煩うべからず、ということになる。それよりも、現在を大切にしてしっかり生き、Ｇｏｄに救われることのほうがはるかに重要なのです。

クエスチョン7

プロテスタントは、どうやって生まれたのか

ローマ・カトリック

橋爪　プロテスタントは、カトリックから分かれたものです。ですから、プロテスタントを考える前に、カトリックとは何かを考えてみる必要があります。

まずキリスト教は大きく、西方教会（いわゆるローマ・カトリック）と、東方教会（いわゆるグリーク・オーソドックス、ギリシャ正教のこと）に分かれていました。オーソドックスとカトリックを辞書で引くと、だいたい同じような意味が書いてある。要は、本物という意味です。まあ私に言わせれば、温泉まんじゅうの「元祖」と「本舗」のようなものだ。もちろんどちらも、れっきとした本物のキリスト教会です。

ここではプロテスタントに話をつなげるために、ローマ・カトリック教会をみていきます。なぜローマ・カトリック教会は、教会の中の教会なのでしょう？

受講生　ペテロがつくったからではないですか。

橋爪　いい答えですね。

福音書によれば、「ペテロよ、おまえは『岩《ペテロ》』（あだ名）という名前だから、おまえの上に教会を建てなさい」と、イエス・キリストが言ったことになっている。ローマのサンピエトロ（聖ペテロ）大聖堂は、ローマの岩山の墓にペテロを埋葬し、その上に建てたものなので、イエス・キリストの命令を実現した、教会の中の教会だと主張できるわけです。

イエスの弟子たちのリーダー格だったペテロは、初代のローマ教皇に任じられた。それ以後、代々の教皇は、教会のトップであると同時に、イエス・キリストへのとりなしもできるという、大きな権限を持っているとされます。

この「とりなし」とは、最後の審判のときに、「この人はぜひ、救われるほうに入れてください」と、イエスに口添えすること。そんな権限があるのなら、人びとは、ローマ教皇に従わなければならない。

これはおかしいではないか。聖書のどこに、そんなことが書いてある？　と疑問に思ったのが、プロテスタントの始まりです。

ローマ・カトリック教会は、教皇のとりなしの権限を証券化して、売り出した。これが「贖宥状《しょくゆう》」（いわゆる、免罪符）です。これだと、救われる／救われない、はイエス・キリストの専権事項ではなくて、金次第ということになる。これは神中心の、一神教の原則に反するというのが、プロテスタントの言い分です。

聖書によって分かれた

橋爪 プロテスタントは、宗教改革とともに生まれました。

宗教改革をとなえたのが、マルチン・ルター（一四八三〜一五四六年）です。ルターは贖宥状を批判するなどし、議論を進めるうちに、ローマ教皇の権威やローマ・カトリック教会の存在そのものを否定しました。西方教会のキリスト教徒は、カトリックとプロテスタントに、まっぷたつに分裂します。

カトリック側は、プロテスタントとの論争を通じて、いくぶんか変化します。贖宥状の販売もやめました。しかし、贖宥状の考えそれ自体は、いまもあります。つまり、神への「とりなし」の権限が自分たちにあるという主張を、ローマ・カトリックは崩していないのです。

ルターがこの贖宥状を批判したのは、拝金主義がいけないというのではありません。それが聖書に書かれておらず、正当化できないというのが理由です。

一神教では、人間を救えるのは神だけのはず。いっぽう、教会はしょせん、人間の集まりではないか。そのような教会に、神の権限が代行できるとは、聖書のどこにも書いていない。これが、ルターの批判の核心でした。

ルターはウォルムスの帝国議会に出頭して、次のようにのべています。

「聖書の証明および明白な論拠によって私を説得するのでなければ、私は自説を取り消すことはできません。教皇も宗教会議もしばしば誤りを犯し、かつ自ら矛盾したことは明白なので、そのいずれにも私は信を置きません。」

こうして、プロテスタントの側は、カトリック教会と袂をわかち、別の教会をつくります。プロテスタントは、聖職者の存在を認めません。すべてが平信徒なのですが、実際問題として教会に責任をもつ専任の人間が必要なので、たいていは牧師をおいています。

プロテスタントについて、これ以上のことは、次回の講義でお話しします。

第二講義　宗教改革とアメリカの行動原理

ウォール街の〝強欲〟をどう考えるのか

クエスチョン1

宗教改革とはなにか

宗教改革はキリスト教の特徴

橋爪　宗教改革が起こったのは、キリスト教ならではのことです。

ユダヤ教にも、イスラム教にも、宗教改革は考えられない。

もっともユダヤ教の場合、宗教改革のような出来事がなかったわけではない。それは、ヨシヤ王の改革。ユダヤ教の最重要文書、モーセの律法をヨシヤ王が「発見」したことです。

旧約聖書のモーセ五書（『創世記』以下の五つの書物）は、モーセがしるしたと伝えられている。それなら、出エジプトはおよそ前十三世紀ごろのはずなので、その当時に成立したはず。けれども、その古い大事な書物が、ヨシヤ王が神殿を探したらみつかったというのですから、かなり怪しい。ヨシヤ王が命じて、モーセの律法なるものを新しく編集させたのではないか。ヨシヤ王の統治は前七世紀（バビロン捕囚の直前）

のことなので、だいぶ時代がくだることになります。

ヨシヤ王は、それまでの神殿の祭祀《さいし》中心のヤハウェ信仰にかえて、モーセの律法中心のユダヤ教を定着させようとした。捕囚されるようなことがあれば、神殿の祭祀は行なえなくなりますが、律法に従うことはできる。律法に従っていれば、イスラエルの民はイスラエルの民であり続けることができる。

ということで、ユダヤ教にも宗教改革のようなことが起きた可能性がなくはないのですが、イスラム教に同様なことは不可能です。イスラム教で宗教改革が可能なら、イスラム世界のほうがひと足先に近代化したかもしれず、世界史はまったく違ったものになったでしょう。

しかし、メッカのカアバ神殿をよく探したら、ムハンマドの律法が新しく出てきた、ということはありえません。なぜなら、ムハンマドの啓示はひとつ残らず集められ、クルアーン（コーランのこと）にまとめられたと、イスラム教では信じるからです。しかも、ムハンマドは「最後の預言者」とされていますから、今後べつの預言者が出てくることもない。キリスト教のように、「アッラーの息子」が出てくるかというと、その可能性もない。「神の子」が生まれたというキリスト教の考え方を、クルアーンは手厳しく批判しているからです。

受講生　宗教改革は、なにを「改革」したのですか？

橋爪　宗教改革とは、一神教の原則に立ち戻って、信仰共同体の現状を改めること。信仰共同体が原則から逸脱している場合に、このことが起こる。

イスラム教の場合（そしてユダヤ教の場合も）、正しい「宗教法」があるので、外側からこうした逸脱を指摘する余地がない。ということは、イスラムの人びとは、このままいつまでもイスラム法に従って生きていくのが正しい、ということになる。

宗教改革はなぜ西側で起きたのか

橋爪　いっぽう同じキリスト教でも、東方教会（ギリシャ正教）に、宗教改革は起こらなかった。起こる余地がなかった。

これには、西ローマ帝国と東ローマ帝国の歴史の違いがあります。

ローマ帝国の東西分裂（三九五年）後、西ローマ帝国はたちまち衰微し、滅びてしまったのに対し、東ローマ帝国は長く強力な帝国であり続けました。東ローマ帝国の強力な統治権力を背景に、東方教会（ギリシャ正教）は安定した教権を保つことができた。世俗権力と教会は緊密に連携していたので、教会の現状に対する異論や反対運動は政治的な意味合いを帯びてしまい、たちまち弾圧されてしまうのです。

西方教会も東方教会も、教義や聖書の解釈権を独占している。これが政治権力と結びつくと、改革は不可能になる。最近もプーチン大統領とロシア正教の蜜月関係が伝えられていますが、宗教的権威と政治権力が結びついたら、これ以上強力な体制はない。政治権力と教会の権威が連携する東方教会のシステムは、マルクス=レーニン主義に受け継がれたとも言えます。共産党は、教会と国家権力とを兼ね、現実世界の解釈権を独占していました。そして共産党の支配を内側から批判することは、きわめて困難だった。

西方教会は、教会がひとつに保たれていたのにひきかえ、統治権力は数多くに分裂していた。そのため、教会への批判が、弾圧をまぬがれ、社会的影響力をもつ余地があったのです。

細かい歴史的な経緯は省きますが、ルターが現れた当時のドイツは領邦国家が群立する状況で、中小の封建領主がひしめき合っていました。そんな状況だったので、ルターのような教会批判が現れれば、カトリック教会の側に立ってルターをけしからんと思う統治者もいれば、ルターを支持して保護を与えようとする統治者もいた。このように政治権力が分裂していると、宗教改革のような運動が広がる余地があった。

改革とはなにか

橋爪　さて、話を戻せば、ルターはカトリック教会を、聖書を根拠に批判しました。ルターは、聖書に書かれていないことがらは認めることはできない、と主張したのです。

では、カトリック教会側は、聖書に対してどのような態度を取ってきたのでしょう。聖書というと、美しく装丁された、重厚な革装の書物を想像するかもしれません。しかし、グーテンベルクの活版印刷術が普及したのは、十六世紀以降のことです。それまでの書物は、手書きの写本でした。一文字ずつ書き写すのですから稀少で高価。しかも写し間違いを心配しなければならなかった。

カトリック教会が用いていたのは、ラテン語の聖書。五世紀初めのヒエロニムスによるウルガータ訳でしたが、翻訳には問題があった。たとえば、ミケランジェロのモーセの彫像は、美術の教科書にも載っている彼の代表作ですが、頭に角が生えている。これはウルガータ訳に、ヤハウェから十戒を授かってシナイ山から降りてきたモーセは「角が生えていた」とあるから。もとのヘブライ語は、顔がピカピカ光っていた、という文章なので、まあ誤訳です。でも、聖書にそう書いてあるからというので、ミケランジェロは教会の注文どおりに、角を生やした像をつくったのです。ちなみに、カトリック教会では長い間、ウルガータ訳を使っていました。

受講者　「角が生えている」なんて、おかしいと思わなかったのですか。

橋爪　聖書に書いてあるから正しい、というのがキリスト教の考え方ですね。人間の感覚でおかしいかどうかと言えば、誤訳であろうとなかろうと、おかしいことが聖書にはあちこちいっぱい書いてある。

それにヨーロッパには、あまり本がなかった。西ローマ帝国が滅んだあとの、ゲルマン人たちによる国家は、ま、蛮族による王朝です。ローマ帝国の昔にあった本なんかも散逸し、文化程度が低かった。ラテン語もギリシャ語もできない。その後、ルネサンスのころになってようやくギリシャ語の本が広まりだし、グーテンベルクの新技術でもって、やっと本が量産できるようになったのです。

カトリック教会は、典礼（ミサなどのこと）でラテン語を用いる、という原則を崩さなかった。これが、ヨーロッパ全体に共通する言語となって、カトリック教会の一体性を保証したのですが、そのひきかえに、信徒にとってちんぷんかんぷんな言葉を使うことになった。聖書もラテン語だから、そもそも意味がわからない。そこでカトリック教会は、どうしても、十字架や宗教画、聖人の像などの図像シンボル、宗教音楽、そして、教会の内外で会衆に向けてのべられるスピーチなどに、頼ることになった。こうしたものは、字も読めないしラテン語もわからない一般の人びとにキリスト教を定着させるのに、必要不可欠なものだった。

こうした事情から、カトリック教会では、聖書そのものよりも、教会で聖職者が語る説教や問答が重要視されてきた面があります。カトリック教会では、こうした説教や問答のもとになる教義を整理し、「カテキズム（公教要理）」というものにまとめた。日本にも「教理問答」の名で、キリシタンの時代に伝えられています。カテキズムはギリシャ語由来の言葉で、もとの意味は「音が落ちる」というものですから、教えを耳から聞かせるという意味になります。

問題は聖書と、このカテキズムが、一致しないことです。

たとえばルターは、「煉獄」の考え方を批判した。「煉獄」は人間が死んだあと、最後の審判までの期間を過ごす場所。現在も、ローマ・カトリック教会のカテキズムに書かれています。ルターの時代には、贖宥状を売りさばく口上に「お金がチャリンと音を立てさえすれば、（亡くなった親の）魂は煉獄の炎の中から飛び出し天国に舞い上がるのだ」みたいに、宣伝されていた。もちろん聖書に、こんな理屈は書いてありません。

煉獄のほかにも、もともとキリスト教とは本来何の関係もない、民間伝承に登場するキャラクターが、聖人などとして取り込まれた。

たとえば、聖クリストフォルスという巨人が幼いイエスを背負う姿を描いた中世の図像が、ヨーロッパに多く残されています。クリストフォルスは「キリストを背負う者」という意味ですが、これなども、巡礼者や商人の守護神とされてきた土着の信仰とキリスト教とが結びついたものと考えられます。

これらは本来のキリスト教と何の関係もない。こういうものをきれいに取り去って、キリスト教の本来のあり方に復帰すべきではないか。こう考えるひとは、ルター以前にも何人も現れました。

でも、こんな意見を公表すると、丁重な招待の手紙がカトリック教会から届く。「あなたのご意見は大変興味深いので、ぜひ私どものところにお越しくださいませんか。」そこで、のこのこ出かけていくと、牢につながれ裁判にかけられて、火あぶりになってしまいます。ボヘミアのヤン・フス（一三六九〜一四一五年）もこういう目にあった。公然とローマ・カトリック教会を批判したルターにも、手紙が届きました。用心深いルターは出かけるかわりに、公開討論を受けて立ちます。ライプチヒで討論は実現し、ルターは優勢に議論を進めました。その後カトリック教会を破門されたルターは、いわばお尋ね者状態になりますが、支持者の領主にヴァルトベルク城にかくまわれ、十年をかけて聖書のドイツ語訳を完成させます。

ルターが翻訳したドイツ語の聖書は、当時の最新技術である印刷術によってどんどん印刷され、広く出回ります。人びとの聖書に対する知識は、飛躍的に高まった。こうして宗教改革は、いよいよ後戻りできない段階に進むのです。

なぜルターは改革に成功したのか

受講生　なぜドイツの封建領主は、ルターを助けたのでしょう？

橋爪　それは当時の、ドイツの政治状況が深く関係しています。

フランスはドイツにくらべて、早くに統一されて、国王の力が非常に強かった。こういう状況では、国王に反対する政治勢力が大きな力をもつことはむずかしい。

いっぽうドイツは、統一が遅れ、中小の諸侯が乱立している状態だった。カトリック教会からすると、税金を集めやすい地域です。そういう負担が重かったうえに、第一講義でも触れた、贖宥状の販売が輪をかけた。ドイツの諸侯にしてみれば、カトリック教会の言うことを聞かなくてもいいというルターの説は、財政負担が削減できる、おあつらえの学説だったのです。だからカトリック教会にあえて反対しても、ルターを助ける諸侯が出てきた。

受講生　贖宥状などというものを販売してお金を集めてもいいと、当時のカトリック教会は思っていたのでしょうか。

橋爪　贖宥状はいまの感覚で言うと、臨時の税収確保のための特例公債、みたいなものですね。

だいたい人間は、お金を持っているとろくなことがない。聖書にも、「地上に富を蓄えないで、天に蓄えなさい」と書いてある。そこで、教会がそういうチャンスをつくってあげる。教会がお金を集めることはまったく正しい、ただ集めるのではなく贖宥状とひきかえなのだからなお正しい、という考え方なのです。（もっともカトリック教会は、いまは贖宥状の「販売」はやめています。）

受講生　当時権威があるとされていたカトリック教会でも、誤訳だらけの聖書を使っていたそうですが、ルターはどのように聖書の翻訳に取り組んだのでしょうか。

橋爪　聖書を、原文から訳すことが大事です。

聖書の原文は、旧約聖書がヘブライ語、新約聖書がギリシャ語、でした。だからまず、ヘブライ語とギリシャ語ができなければ、話にならない。聖書の翻訳はできません。でもカトリック教会では長いあいだ、ヘブライ語やギリシャ語の原文など読まないほうがよいという態度をとっていた。それらの言語ができる人びとも少なかった。こうした状況が変化するのは、人文主義（ユマニスム）の動きが盛り上がってからです。

そのきっかけは、古くは十字軍。ビザンチン地域との交流が深まった。東ローマ帝国ではギリシャ語が公用語で、古代ギリシャやローマの文化がそれなりに継承されていた。一四五三年に東ローマ帝国が滅亡すると、大勢の学者が逃れてきた。彼らとともに、ギリシャ・ローマの古典も伝えられます。これが人文主義の盛り上がりにつながった。

人文主義とは、キリスト教と関係がなくても、ギリシャ語やラテン語の書物を読みましょうという運動。はじめは、ギリシャ語ができると聖書の読解に役立つ、などと言い訳していましたが、要するに、キリスト教を相対化して、キリスト教の影響が及ぶ前の、人間に対する興味が動機になっています。

イスラム世界からの影響も、大きかった。イスラム教では、旧約聖書、新約聖書を聖典と位置づけているので、ヘブライ語やギリシャ語の学力が高く、ヘレニズム以来の学問も多く受け継いでいた。十字軍以降、イスラム世界との交流が活発となり、キリスト教徒は生徒のようになって、イスラムの学者から哲学や神学を学んだのです。ルターも、こうした人文主義の成果を踏まえて、ギリシャ語、ヘブライ語の学力を身につけ、聖書を原文から翻訳することができた。

では、以上をまとめての結論。

宗教改革の結果、多くの人びとが聖書を読むようになりました。大きな変化です。そして、プロテスタントは聖書中心主義を掲げ、カトリック教会から離脱したものの、やはり教会をつくりました。ただしプロテスタントは、イエス・キリストの「代理人」のような存在は認めないので、聖職者を置きません。信徒の代表にあたる、牧師（パスター）がその代わりをします。

クエスチョン2

宗教的寛容とはなにか

宗教改革がもたらしたもの

橋爪　次に考えるのは、宗教的寛容とはなにか、です。

このテーマは、宗教改革から直接に導かれる。

カトリックからすると、ルターをはじめとするプロテスタントは、とんでもない連中である。そもそもローマ教皇の権威を認めない。ローマ教皇はせっかく、世界の人類を、イエス・キリストの言葉（福音）で救おうと努力しているのに、それを妨害している。神の計画に反対する悪魔かもしれない、というわけで、プロテスタントを敵視することになります。

プロテスタントにしてみれば、人間のつとめは神のみに従うこと。それには、神の言葉である聖書を重視する、聖書中心主義でなければならない。「信仰によってのみ義とせらる」ということで、直接に神とつながろうとする。こういう原則を明らかにして、間違ったカトリック教会を批判したのに、カトリック教会はそれを認めるどころか、迫害と弾圧を繰り返している。そんなカトリックは、神の計画に反対する悪魔かもしれないということで、カトリックを敵視することになります。

互いに相手は、悪魔みたいなもの。悪魔なら早く殺したほうが、罪が少なくなるので、悪魔にとってもよいことである。相手を抹殺することは、神のためであり、自分の安全のためであり、悪魔自身のためでもある。そういう理屈になります。そう信じているのだから、殺し合いは容赦がない。

これが宗教戦争の恐ろしさで、カトリックとプロテスタントは、延々と殺し合いを続けて、果てしない。結局、気がついてみたら、百年以上にもわたって、宗教を理由とする殺し合いが続いた。

受講生 プロテスタントの勢力は、ドイツが中心だったのですか？

橋爪 ドイツから始まって、周辺にも拡大して行った。

なかでも激しい対立になったのが、フランスでした。フランスのプロテスタントは「ユグノー」と呼ばれ、少数派でした。このユグノーを悪魔とみなして、弾圧、虐殺が繰り返されます。とくに、一五七二年の「サン・バルテルミの虐殺」は有名です。

オランダ（ネーデルラント）では、支配者であったスペインに対する反乱が、プロテスタントを中心に戦われました。この争いは八十年にわたり、「八十年戦争」とも「オランダ独立戦争」ともよばれます。

極めつきは、全ヨーロッパを巻き込んだ、いわゆる「三十年戦争」です。これは純然たる宗教戦争とは言い切れない、複雑な戦争で、歴史上はじめて、多国間の条約（ウエストファリア条約）が結ばれて決着しました。

この条約では、カトリックとプロテスタントが同等の権利をもつことが、規定されました。この条約によれば、カトリック教徒はカトリックの君主のもとにある限り、信仰の自由が保障され、プロテスタントはプロテスタントの君主のもとにある限り、信仰の自由が保障されることになりました。

受講生　君主と信仰が一致しない場合は？

橋爪　その場合には、改宗するか、移住するか、どちらかですね。

フランスでは内戦の結果、多くのユグノー（プロテスタント）が、国外への移住を余儀なくされました。ユグノーには富裕な商人や優れた技術者が多かったので、フランス経済には大きな打撃になりました。

改宗すれば、移住しなくてもよいわけですが、信仰を捨てることは簡単でない。それにときおり、君主が相続などの都合で改宗する場合もあるので、住民はほんとうにいい迷惑です。

イングランドのヘンリー八世がカトリック教会と絶縁して、英国国教会（アングリカン・チャーチ、聖公会）をつくったときにも、国民は改宗を強要されました。信仰を守ろうとしたカトリック教徒もプロテスタント（ピューリタン）も、大きな苦しみをなめることになった。

このように、西欧世界ではキリスト教会が分裂した結果、信仰が、政治問題に直結してしまうようになった。このためヨーロッパのキリスト教徒は、異なる教会から悪魔扱いされて、ひどい目に遭いました。どこかに安心して、自由な信仰の生活を送れる場所はないものか。これが、こうした被害に遭った人びとの強い願いになった。

そう言えば、新大陸があった。あそこに、自由な信仰の共同体をつくればよいのではないか。そう考えたことが、ピューリタン（清教徒）たちがアメリカをめざした動機であり、ひいては、アメリカ合衆国がつくられた端緒です。

受講生　ピューリタンは、プロテスタントなのですか。

橋爪　はい。プロテスタントは、ローマ・カトリック教会から分離した人びとをいい、ルターの教えに従うルター派、カルヴァンの教えに従うカルヴァン派、再洗礼派など、いくつもの教派があります。カトリックから分裂したという意味では、英国国教会もそうで、プロテスタントにかぞえます。イングランドのカルヴァン派のさまざまなグループを総称して、ピューリタンといいます。

このようにアメリカは、元をただせば、資本主義をやるためでも、民主主義をやるためでもなく、自由な信仰生活のためにつくられたのでした。

アメリカの理想が成り立つためには、政府は、どの教会に肩入れしてもいけない。政府は世俗のもので、信仰の点で中立でなければなりません。さもないと、すべての教会を公平に守ることができない。これが、政教分離です。

また、憲法をつくって、あるべき政府の姿について人民と契約を結びます。その憲法にいの一番に書くべきことは、政府は特定の教会を保護したり、特定の教会を弾圧したりしないということ。すなわち、信教の自由です。

このようにすれば、アメリカは建国の理想を実現したといえるので、それ以外の政府のサーヴィス、たとえば、社会保障の制度が手薄でも、年金や保険が未整備でも、貧乏人が困窮しても、大した問題ではありません。この国はもともと、そういうふうにつくられたのです。

アメリカとピューリタン

橋爪　このようにアメリカ合衆国は、宗教によってつくられた国です。

アメリカ合衆国の基礎となった、ニューイングランドに入植したのは、ピューリタンでした。彼らは英国国教会の改革を唱えたものの、弾圧されます。そして百人あまりがメイフラワー号に乗って新大陸をめざした。一六二〇年のことです。彼らは、アメリカの始祖とみなされ、ピルグリム・ファーザーズと呼ばれます。（実際には、ヴァージニア植民地が一六〇七年に拓かれていてニューイングランドより古いのですが、こちらはあえて無視することになっています。）

彼らがこの地をめざしたのは、聖書に「約束の地」という考え方があったからです。旧約聖書をみると、ヤハウェは、カナンの地（現在のパレスチナ）をイスラエルの民に与えると、アブラハムやモーセに繰り返し約束している。その約束どおり、彼らは王国を建設することができた。信仰があれば、神はそれにこたえて、約束の地を与えてくれる。聖書はそれを約束する書物と読めるのです。

そこでピューリタンたちは、北米大陸を、これこそが神が自分たちに与えた約束の地だと考えた。なぜならそこは、誰も住んでいない空き地だったからです。

受講生　ネイティブ・アメリカンがいたと思います。

橋爪　もちろんそこには彼ら先住民がいたわけですが、いないも同然だと考えた。（ちなみに聖書の約束の地にも、先住民がいましたが、ヤハウェは彼らを追い払ってもよいと許可し、命令している。）

とは言え、アメリカがほんとうに約束の地なのか、いちまつの疑問があった。だいたい聖書には、アメリカ大陸なんか出てきませんから。アメリカ合衆国がいまの場所にあるのは、正しいことなのか。

私の見方ですが、この点、アメリカはイスラエルと似ている。イスラエルは先住民（パレスチナ人）をおしのけて、周辺のアラブ諸国から存在を認められていない。建国の正当性に疑問があるところが、アメリカのようなのです。

現在、世界中で最もイスラエルを支援している国がアメリカです。アメリカ議会でユダヤ・ロビーが活発に活動しているおかげだけれども、そもそもそういう活動が功を奏するのは、イスラエルの肩を持たざるをえないほど、アメリカの建国の事情と通じるところがあるからではないか。

受講生　ピューリタンは、どんな考え方をする人びとですか？

橋爪　ピューリタンは、カルヴァン派で、「救済予定説（predestination）」の考え方に立っていました。

神が人間を救済する。これは神の恩恵で、誰を救済するかしないか、人間にはなんの発言権もない。さて、神は全知全能なので、誰を救済し誰を救済しないか、天地創造の初めから知っていたはず。言い換えれば、誰を救済し誰を救済しないか、あらかじめ決めていたはず。「神は人間の言動をみて、いろいろ考えたり考え直したりし、最後の審判のときにやっと誰を救済するか誰を救済しないかを決める」のではない、と考える。人間の言動は、神の救済を左右することができない。この点を強調するために、救済はあらかじめ決まっているという、救済予定説に立つのです。

この考えは、いくつかの帰結をもたらします。

第一は、徹底した個人主義。家族も隣人も、上司も、教会の幹部も、人間は誰しも、自分が救済されるかどうかに影響を与えることができない。大切なのは、神との関係のみ。誰もが神の前に立ち、神に対して忠実でなければならない。キリスト教は、最後の審判は個人単位で、一人ひとりに別々の判決が下ると考えるので、このような徹底的な個人主義に帰結する。とくにカルヴァン派は、プロテスタントのロジックを突きつめたので、この側面が強調された。

第二は、これと関連して、徹底した人間不信。これは、神に対する信頼の裏返しです。救済予定説は、誰が救われ誰が救われないか、神だけが知っている(人間は知ることができない)と考える。そこで、どんなに尊敬されている人間も、どんなに地位や名誉や富のある人間も、救われていないかもしれない(邪悪な存在かもしれない)ことになる。ゆえに、どんな人間のことも、ほんとうの意味では信頼しないのが正しい。個人主義を徹底する結果、人びとは、心から信頼できる共同体をつくることができなくなって、せいぜい条件つきの機能集団(アソシエーション)しかつくれなくなるのです。

こうした社会では、人間と人間は、法律によって関係するしかなくなる。アメリカは法の支配する国となり、弁護士が大勢いて、裁判だらけとなるのです。

受講生 とてもぎすぎすした社会だと思います。

橋爪 たしかに。でもとても、自由な社会だとも言える。自由だとは、誰も、ほかの人間の言うことを聞かなくてもいいからです。私のことはほっといてくれる? 法に触れないかぎり、なにをしてもいい。権利が守られている国だとも言える。共同体がいいか、アメリカみたいな個人主義がいいと考えるか、個人の生き方の問題だ。

さて、少し話を戻しましょう。

アメリカに入植したピューリタンたちは、信仰で固く結ばれた人びとで、上陸を前に互いに契約を結んだ（メイフラワー契約）。こうした初期の、教会と社会が一体化したあり方は、聖書共同体（Bible commonwealth）とよばれることがある。

彼らの共同体では、教会と社会は完全に一体なので、いわゆる神聖政治（政教一致）になります。プロテスタントは自らの信仰を認めるように体制側に訴えましたが、それは信仰の自由を求めるというよりも、自らの信仰が正しいから認めろという主張だった。だから、それ以外の信仰に対する配慮（寛容）などあまりなく、あくまでも自らの信仰を守ろうとし、そのために政教一致となることも辞しませんでした。

ところが、このピューリタンの理想は、長続きしない。世代が交代するからです。子どもたちの世代は、親のように信仰深いとは限らないし、主体的に契約に参加したわけではないという意識をもつようになる。でも、信仰がはっきりしない子どもたちをほうり出すわけにもいかないので、社会のメンバーとして受け入れる。そのため、半途契約（halfway covenant）なるものが考案されました。信仰深いわけでもないし回心の体験もないが、いわば半人前として、共同体のメンバーとして認めましょう、というものです。

このやり方だと、誰でも教会のメンバーになれるので、ピューリタンが批判したはずの英国国教会と変わらない。英国国教会のなかで、信仰深い（ピュアな）人びとだけが集まった結社がピューリタンのはずだったので、半途契約を認めることは、ピューリタンの自己否定とも言えるのです。

だいたいこうした経過をたどって、入植当初に散在した宗教共同体は、しだいに当たり前の教会となり、世俗の社会に混じり合っていきました。その流れに逆らおうと、「視える聖徒（ビジブル・セインツ）」という運動が現れたりした。これは、救済されることが約束されている人びとは、深い信仰や勤勉など外見からそれとわかる（ゆえに、そうした人びとだけで共同体を組織できる）という、社会を信徒だけで「純化」する試みですが、世俗化の傾向をひっくり返すことは、もちろんできなかった。

「視える聖徒」はマイナーな動きだったけれど、その考え方の影響みたいなものは残っていて、世俗的な成功をおさめた人（大金持ちや、選挙で当選した人）には神の意思が働いている、とアメリカ人は考える傾向がある。「成功」はよいものだと思うのです。神の祝福を受けている。出る杭は打たれる、の反対です。「視える聖徒」の考え方が、世俗化して流布していると言えるのです。

ピューリタンは当初、排他的で、他宗派に不寛容でした。ニューヨーク州では、クウェーカー教会をいじめて、耳をちょんぎったり、追放したりしていた。そこで、クウェーカーの指導者ウィリアム・ペン（一六四四～一七一八年）がつくったのが、ペンシルヴァニア州です。アメリカには州（ステイト、つまり、国）がいくつもあるが、信仰に対する態度が微妙に異なっている。宗教的動機で最後にできたのはユタ州で、この州には、よそでいじめられて移ってきたモルモン教徒が集まっています。

受講生　二〇一二年の大統領選で、オバマの対立候補だった共和党のロムニーは、モルモン教徒だったと思います。

橋爪　そうでしたね。モルモン教は、キリスト教ではないことになっているので、ロムニー候補が当選していれば、アメリカにとって画期的なことだった。

こうした初期の宗教共同体が壊れてできあがった自治単位（町や州）は、教会から距離をおく、世俗の組織です。教会には干渉せず、どの教会のどの信仰も守られるべきであると考える。信教の自由を原則とします。

信教の自由は、信仰を個々人の問題と考え、政治はいっさい干渉しない。政治は、個々人の信仰や良心や内面に踏み込まない。これは人びとが、互いの信仰を尊重し、自分たちとは異なる信仰をもっているほかの人びとも、正常な社会生活が送れるように配慮し保障する、という考え方と表裏の関係です。これが、宗教的寛容です。

以上をまとめての、結論。

宗教的寛容を強調しなければならないほど、じつは、キリスト教はもともと不寛容だった。その実態は、これまでのべた通りです。

キリスト教が不寛容なことは、「宗教裁判所」のようなものを設置していたことからも明らかです。キリスト教でやや変わった考え方をしているとか、魔女の嫌疑があるとか、イスラム教徒やユダヤ教徒であるとかで、裁判にかけられた。人びとの内面を、問題にした。こういう考え方は、イスラム教にもユダヤ教にもありません。つまり、まず不寛容があり、それの裏返しとして、寛容をやっと成立させたのです。

キリスト教を母体とする近代国家は、かならず政教分離と宗教的寛容をその前提とし、信教の自由をうたっていますが、ここにいたるまでにはあまりにも多くの血が流されてきたのです。

クエスチョン3
アメリカのキリスト教は政治をどのように考えるか

ジャーナリズムは預言者の役割

橋爪　では、質問。民主主義というと、なにを思い浮かべますか。
受講生　選挙。議会。
受講生　三権分立！
受講生　やっぱり、憲法、ですかね。
橋爪　はい、どれも民主主義の大事な要素ですね。
では、アメリカでは、キリスト教の原則にもとづいて、政治をどのように考えているのでしょう。
国がつくられた経緯からしても、キリスト教徒にとって、政治は大事です。政治は、教会と信仰を守るものだから。
でも政治は、それ自体として大事なわけではない。理想を実現するための、手段です。なにが大事かの、順番をおさえなければならない。

まず、もっとも大事なのはGod。王や政治家は、大事ではない。この考え方があるので、王や政治家を批判することができます。王よりも権威のある、Godがいる。Godの言葉である聖書や、Godに従う人びとの集まりである教会が、Godのつぎに大事。これらをないがしろにする王や政治家は、批判の対象になる。

ユダヤ教の伝統では、こうした批判を行なうのは、預言者の役割でした。でも預言者は、もういなくなった。そこでその役割を、現代において担うものとして、ジャーナリズムが重要になります。聖書を読んでそのロジックを理解すれば、誰でもジャーナリズムとしての役割を果たせるのです。

ジャーナリズムは本質的に、反権力でなければならない。なぜならジャーナリズムの役割は、政府を批判することだからです。その前提として、政府や政治家がなにを考え、どう行動しているかを、人びとに知らせる。人びとは、政府や政治家の行動を「知る権利」があるのです。人間は、罪深く不完全で、いくら注意しても必ず間違える。政府や政治家も、人間である以上、必ず間違える。ゆえに、監視しなければならない。

なぜ政府や政治家が、とりわけ監視の対象になるかと言えば、彼らには権力があって、人民を従わせる力があるからです。彼らが間違えれば、人民まで間違えてしまう。

政府や政治家の巻き添えになって、正しい道からはずれ、Ｇｏｄに対して罪を犯すことになってしまうかもわからない。だから政府や政治家を批判することは、ジャーナリズムのつとめである以上に、そもそも人民のつとめでもあるのです。

質問。では、ジャーナリズムを、誰が監視すればよいでしょう。

受講生　人民、ですか？

受講生　ほかのジャーナリズム、ではないか。

橋爪　いい線ですね。

ジャーナリズム自身は、政府でも政治家でもなくて、権力をもっていないから、監視する必要性はうすい。そこで、ジャーナリズムの問題や腐敗をあばくのは、ジャーナリズム自身ということになっているのです。政府や政治家と結託して、権力の監視を怠っていないか。公共の利益のためではなく特定の利益のため、事実をねじまげて報道していないか。取材のやり方が、倫理的に問題なく、ルールに従って行なわれているか。ジャーナリズムは政府と違って、分権的で、さまざまなメディアに分かれているから、相互監視が実行できる。ニセ預言者を排除する預言者、というわけです。

ジャーナリズムにとっては、数多くに分かれていることが本質的。アメリカの新聞は、都市ごと、町ごとにあって、数が多いでしょう。そして部数が少ない。

受講生　ワシントン・ポストなんかも、部数があまり多くないです。

橋爪　そう。なぜ新聞がたくさんあるかというと、政府が弾圧するのがむずかしくなるから。報道されては困る記事があった場合、ワシントンとニューヨークとシカゴとロサンゼルスをおさえても、ボストンで報道されるかもしれない。部数の大きい全国紙が数紙、みたいな状態は健全とは言えない。とくに商業メディアは広告があるから、広告代理店の力が強くなる。そのルートで、政府の意向が反映しやすくなる。日本でもごくたまにスクープを出すのは出版社系の雑誌でしょう。出版に軸足をおいた出版社系の雑誌のほうが、テレビや新聞よりも独自取材の特ダネを出しやすいのです。

ジャーナリズムの質と部数は関係ない。欧米では、部数の多いのは質の悪い大衆紙で、オピニオンリーダーになるのは少部数の高級紙、と相場が決まっている。そして、ジャーナリズムがしっかりしているためには、すべてが質の高い新聞・雑誌である必要はなく、玉石混淆で、さまざまなメディアがあるほうがよい。

明治時代には日本にも、部数の少ない新聞がたくさんあった。そして政府を批判した。大東亜戦争のときに、出版統制があり、新聞は一県一紙にまとめられて、いまもその体制のままです。電通も陸軍がつくったような会社なのです。日本のジャーナリズムは、そうしたひ弱な背景をひきずったままになっている。

選挙と神の意思

橋爪　さて、アメリカではどんな職業が尊敬されているか。

受講生　医師。

受講生　弁護士。

橋爪　そうですね。あと、牧師・神父。それに裁判所の判事も、とても尊敬されている。いっぽう、政治家はあまり尊敬されていない。威信スコアといって、職業ごとに尊敬の度合いを調査したものがあるのですが、政治家は自動車ディーラーと近い水準です。嘘をつくことが多いから、ということになっている。まあ、本能的に、政治家に対する警戒心があるということです。

にもかかわらずアメリカ人は、政治家に権力を集中するのは正しい、と考える。政治権力は必要だと認めています。だからこそ、なるべく適性のある人物に、そのポストを預けようと考える。その方法が、選挙です。アメリカではやたらに選挙が多い。すべての公職を、選挙で選んでいるのではないかと思うくらいです。

選挙の重要な性質は、権力の正当性を創造すること。そして任期があって、権力者が権力を失う時期が明確であることです。大統領は任期があって、辞める。もしも終身であれば、王や皇帝のような存在になってしまう。アメリカは絶対に王制にならないため、選挙をしているのです。複数の候補者が自らやりたいと言って手を挙げ、その候補者に対して皆が投票し、多数を得たものがそのポストに就く。選挙で当選したからという理由で権限が手に入りますが、責任も負う。また、任期が来ればそのポストから離れる。権力と人格を分離する効果がある。

中国や日本ではこうなりません。たとえば日本では、総理大臣が不祥事で辞任しても大派閥の領袖として影響力を維持する、しかしその人物は政府の仕事には就いていない、ということがある。中国でも、現役を退いた政治家がそのあとも超法規的な権力を維持することがあった。アメリカはこういうことを許さない。政治家の権力は、神の権力の反対でなければならないので、神の権力が永遠であるから、政治家の権力は有限でなければならないという発想になっている。権限を持つのは、必ず正式な手続きを踏んで、選挙によって選ばれた人であり、それ以外の人が権限を持ってはなりません。そして、権限を持っているかぎり責任があるからジャーナリズムは批判する。そして、辞めたら一般人になる。そういうルールが厳格です。

ただ、引退後に回想録を書くことは重要な仕事です。ポストに就いて内部情報を知り、いろんな意思決定をした人には、メモワールを残す暗黙の責任がある。なぜなら、同じ過ちを繰り返さないために、ヒューマンエラーを記録しておく必要があるからです。

日本の政治家にはこういう習慣がありません。選挙で当選してもその人に権限を預けたという意識がないから、菅降ろしなどと言って、まだ任期がある人を引きずりおろそうとする。

大統領は任期中、引きずりおろされません。例外は弾劾（impeachment）ですが、それはよほどの問題があった場合に、正式な手続きによって、大統領を解職できるシステムです。

では、人間的には尊敬してないのに、なぜ選挙で選んだ人をそれだけ信頼するのでしょう。それは、選挙は民意ではあるが、そこに神の意思が表れていると考えるからだと思います。ポストに就いたのは神の意思なのだと考えるから、その人はただの人間だけれども命令権者になり得るし、だから人は従う。この感覚を、職務（office）に対する忠誠、といいます。大統領個人ではなく、彼の職務に対して忠誠を誓う。

アメリカの大統領は戦争をする権限があります。アメリカもかつては徴兵制を採っていました。これは、大統領から「軍隊に加わって戦いなさい」と命令されることです。徴兵忌避の制度もあるが、宗教上の理由などに限られていて、誰にでも適用されるわけではない。大統領は選挙で選ばれた人だから、民主党の大統領だろうが、共和党の大統領だろうが、当選したら国民全員がその指示に従うのです。これが政治を機能させるための大前提です。でもそれは、個人の意見とは別ですから、戦争に反対ならば、軍人であっても退職後には自由に戦争反対の意見をのべていいのです。

受講生　神の意思は、就任式で聖書に手を当てて宣誓することと関係ありますか。

橋爪　宣誓は人間の側の問題なので、直接関係はないが、神の意思にこたえようという態度を示している、という点では関係がある。

選挙の結果が神の意思の表れだと、法律にはもちろん書いてありません。でも、キリスト教のロジックからいって、政府や警察、軍隊などの公的職務は、神の意思を体現する権威をもっている、と考えるのです。

地上にある権威は、すべて神が立てたものである、悪を正すために彼らは剣を帯びている、正義のために政治権力はある、と新約聖書の『ローマ書』（13章1～4節）に書かれている。

聖書では、最後の審判までの「つなぎの期間」に、人間が人間を統治してよいという政治の仕組みを定めている。ルターはその政治を、隣人愛の精神で行なうべきだとした。統治者は合法的に選ばれた人物であるべきで、それは神が人間のために与えたもの。クリスチャンはそれに従う義務がある。アメリカはこのように考えるのです。

受講生　欧米でも若者の宗教離れが進んでいますが、そういう考え方は、いまも浸透しているのでしょうか。

橋爪　浸透していると思います。若者の意識がどうであろうと、ほかに発想がないので、自然にそういう考え方になる。というのも、英語も、ドイツ語もフランス語も、聖書の翻訳によって成立したので、その言葉で考えるかぎりこういう論理になるのです。権利、自由、責任、平等、個人、みたいな基本語彙がそうできている。それが初等・中等教育を通じてしみこんでいく。

　これが日本だと、「そんなことをすると、お巡りさんが来ますよ」「みんなに笑われるでしょ」などと言う。アメリカではどの親もこんな言い方はしません。こういう考え方が存在しないからです。そのかわり、なにかというとＧｏｄが出てくる。一日に、百回以上口にするのではないか。

受講生　ルターの思想で重要なのは、「Beruf（天職）*」の考え方だと思います。選挙で選ばれた政治家が、誠心誠意仕事をすべきだという発想の根本には、この考え方が

Beruf（天職）　世俗の職業はどれも神が人間に与えた任務であるという思想。

あるのでしょうか。

橋爪　そのとおりです。一個人として失敗をするのは仕方がないけれど、神に任命されたとも言える大統領として失敗すると、神の怒りをかうに違いない。そのストレスは大変なものでしょう。この考え方は、日本にはない。日本語では「天職」という言葉を当てていますが、Ｇｏｄの考え方がないので、苦しまぎれの訳語なのです。

クエスチョン４

キリスト教は経済をどう考えるのか

物質と精神の二項対立か

橋爪　政治と宗教の話が一段落したところで、経済です。

Ｇｏｄのことばかり考えていたアメリカがなぜ、資本主義になったのか、考えてみましょう。

アメリカ人についてはいろんな考え方があります。即物的な現実主義者で、金のことしか考えていない、というのもそのひとつです。

戦前、松岡洋右《ようすけ》（一八八〇～一九四六年）という外交官がいました。この人はカリフォルニアに十年ほど留学していたので、アメリカのことはよく知っていると自負していた。彼に言わせると、「アメリカは物質主義で、軟弱に流れている。戦争などやりたくないと思っている。緒戦で日本が大勝すれば、たちまち戦意を喪失して、厭戦《えんせん》気分が高まり、有利な条件で講和を結べるに違いない」となる。外務省でもこの考え方が影響力をもち、開戦への流れをつくった。

この認識は誤りでした。真珠湾が抜き打ち攻撃されたとわかった途端に、それまでの議論の分裂は吹っ飛び、あっという間に戦争一色になります。そして、増産に次ぐ増産、真珠湾のときには七隻ほどしかなかった空母が、終戦時には三十隻以上になった。軍人だけでなく、科学者、ビジネスパーソン、町や村の人びとまで、それぞれの立場で団結した。

たしかにアメリカは物質の豊かな国です。しかし、物質を上回る思考回路があるから、アメリカの物質文明は大きな力を発揮するのです。松岡洋右も当時の日本人も、そこを読み切れていなかった。

アメリカでよく耳にするのは、スピリチュアル（精神）という言葉。物質とスピリチュアルの関係に、アメリカの強さの秘密がある。物質的、即物的で、地上のことしか考えてないように見えても、別の角度からみると、地上のことには無関心で、目に見えない価値（正義、真実、民主主義の理想など）を死にものぐるいで追求しているようにも見える。一見分裂しているようですが、それは見方の問題です。物質／精神という、二項対立的な発想にこだわるので、アメリカを理解できないのかもしれない。

神の業（ネイチャー）と人の業（カルチャー）

橋爪　そこで、キリスト教と経済活動の関係を整理するため、キリスト教で最も大事なものはなんだったか、おさらいしましょう。

受講生　愛です。

受講生　神との契約、です。

受講生　Ｇｏｄ！

橋爪　そうです！　一神教なのですから、最も大事なのはＧｏｄ。神に価値があるのだから、神に従わなければなりません。

いっぽう、愛や契約が大事なのは、そうしなさいと神が命令したから。愛や契約それ自体が大事というより、あくまでも神が大事。すべてはそこから派生している。でも、神はどこからも派生していない。神そのものが大事なのです。一神教は、これが基本です。

では、地上にあるものを見てみましょう。

聖書にはこう書いてある。第一日目、世界を造った。神はそれを見て、よしと言った。二日目も、よし。三日目も、よし。毎日、よし、と言っています。神のつくったものはすべてよく、よくないものはつくっていない。だから、自然は全部よろしい。自然（ネイチャー）は、神の業《わざ》だからです。

人間も神が造った。ゆえに、人間にもネイチャーの側面があります。目が二つで、頭があったり、手があったり。こういうのは全部よろしい。身体のすみずみまで神が造ったわけだから、人間の身体に恥ずべきところはひとつもない。

こうして「よい」ものとして造られたはずの人間に、なぜ悪いことができるのか。それは、人間の自由意思によって、よかったり悪かったりするのだと考える。

神の業はネイチャーです。それに対して、人間のやることはカルチャーです。カルチャーはもともと「土を耕す」こと。農業です。では神は、農業をやるか。やりません。必要ないからです。農業を始めたのは人間です。エデンの園では、農業は必要なかった。食べ物はなんでもあった。でも、追放されたので、額に汗して日々の糧を手に入れなければならなくなった。これが農業と牧畜で、人間の業なのです。そのほかにも人間がやるものとして、アート（技術、芸術）がある。これにも、よい場合と悪い場合がある。

「神の見えざる手」から資本主義へ

橋爪　さて現代には、人間の活動として、ビジネスがあります。これにも、よい場合と悪い場合があります。

この、よい／悪いというのは、どのように決められるのでしょうか。ちなみに、ユダヤ教やイスラム教なら、宗教法に照らしてビジネスをやればいいので、悩む必要はない。

受講生　隣人を愛するようなビジネスなら、いいのではないでしょうか。

橋爪　具体的には、どうするのかな。

受講生　自分の利益のためではなく、他者の幸福のためにやる。

橋爪　では、利益を取るのはいけませんか。

受講生　正当な利益はあげていい。
橋爪　正当か、不当かは、どう決めますか。
受講生　自分の良心に従う。
橋爪　そうかな。良心でなく、利益があがるかどうかは、市場法則に従うのではないか。
受講生　そうか。「神の手」だ。
橋爪　そうです。市場価格は、自分では決められません。需要と供給の関係によって決まる。需要がある、とはみんなが欲しがっているということ。みなが欲しがるなら、どんどんつくればいい。つくればつくるほど隣人愛を実践したことになるのですから、ビジネスはその精神にかなっている。

これは、伝統社会ではありえないことでした。アメリカのような新しい社会においてこそ、実現された。人びとの需要に基づいて市場が形成され、ビジネスパーソンは人びとが欲しがるものを供給する。「汝の隣人が欲していることを、汝の隣人にしなさい」、なのだから、市場に製品を供給することは、隣人愛の実践と解釈できるのです。

アダム・スミスがのべたとおり、市場には「神の見えざる手（invisible hand）」が働いている。これは、市場で決まる価格そのほかは、正しいという意味です。市場で決まった価格で売買して、利潤が上がるかどうかは事後的な問題。

でも、利潤を上げるためにまず、やるべきことがあります。それが、正直（honesty）です。目方をごまかさない。契約どおりの期日に品質の確かな商品を届ける。親戚だからまけてやるとか、顔が気にくわないからちょっとごまかすとかはしない。隣人に対して公平にサーヴィスする。約束を守る。時間を守る。こうしたことがすべて、正直です。つまりビジネスを、宗教活動の精神で行なうのです。

さて、そうやってビジネスに集中することによって、結果的に利益があがったら、どうしよう。アメリカの初期の資本家たちはとても慎ましく、贅沢な浪費をしませんでした。なぜなら、自分の満足のために使ってしまえば、それは、隣人愛ではまったく説明できないからです。自己愛になってしまう。だから、必要なものは使うとして、それを超えたぶんは貯蓄する。貯蓄は、投資に回ります。投資に回ると、ビジネスが拡大してもっともうかる。また貯蓄する。またもうかる。これを繰り返していくとどうなるか。いつの間にか大資本家になっているのです。資本主義のできあがりです。

ここで重要なのは、富が大事だと考えて貯蓄をしたのではなく、富は大事ではないと考えて、貯蓄をしたという点です。神の教えのとおりに、まず隣人、ついで自分、それから貯蓄、という順番です。富は、隣人の幸せに役立つのでなければ意味がない、と考える。その証拠に、利益の一部を教会や慈善事業に寄付することになっている。アメリカは、ヨーロッパのような階級がないので、社会階層の上昇ができます。それを「成功」という。成功は、神の恵みを受けているという意味なので、本人のプライドになります。ゆえに「成功」は、素直な意味で、人生の目標になりうるのです。信仰の立場からは、最後の審判の日に救われることが最も大事ですが、それを頭の片隅に入れつつ、当面は、この世界で職業に邁進《まいしん》し、成功を目指す。その成功の証として、社会階層が上昇すると、高級住宅地に邸宅を購入し、高級車を乗り回す、というライフスタイルが始まるのです。

クエスチョン5

キリスト教は、科学をどう考えるか

橋爪　聖書は、古くて時代遅れで間違っている。科学は、新しくて進歩的で合理的で正しい。こう、日本人の多くは考えています。ならば、聖書など読む必要がない、科学さえあれば十分だと。これはほんとうに正しいのでしょうか。

欧米でも、いまや聖書を文字どおり正しい、と考える人びとは少数派です。でも、だからと言って宗教がその重要性を減じているわけではない。科学が、宗教にとって代わることはできない。

まず理解すべきなのは、もともと科学は、宗教的な動機で始まったという点です。この世界は神が造った。この世界を造った神は世界の外に出ていったが、神の意思どおりに世界はその後も毎日動いている。天体は規則どおりに回転している。生物は設計どおりに繁殖している。神の許可なしに動いている自然現象はひとつもありません。この世界は神の作品である。この世界がどう造られているか、理解すれば、神の計画が明らかになり、神の意思に人間はより忠実に従うことができるのではないか。神の造ったこの世界（自然）を、聖書のようなもう一冊の書物として「読解」しよう。というのが、自然科学がスタートした理由でした。

科学は、この意味で、人間の業です。しかしその内容は、神に属するのです。神は、全知全能であるから、この自然がどう造られているかという秘密をすべて知っています。人間が知ることのできるのは、そのごく一部にすぎない。科学者の活動は、神の知に近づこうとする行為であり、神の計画を明らかにしようという行為なのですが、人間がやることですから常に不完全なのです。

こうしたキリスト教側の考え方からすれば、科学（自然）と聖書（信仰）は決して矛盾しません。むしろ科学は、信仰に奉仕するための活動だと考えることができます。天文学と聖書に書いてあることが違うとか、進化論と聖書が矛盾するとか、そんなことはどうでもいい枝葉なのです。

これが、大部分のキリスト教徒が、科学に対して抱いている考え方だと思います。これなら、科学恐るるに足らず、です。そして信仰の立場から、どんどん科学をやってください、となる。信仰を持っていることは、科学者であることの障害にならないばかりか、むしろ励みになります。

もちろん宗教に関心を持たない、無信仰な科学者もアメリカには山のようにいます。過半数がそうかもしれない。でも、信仰深い科学者も多くいる。進化論を否定したりする福音派は、アメリカでもほんのひと握りです。それがアメリカの代表と思ってはいけない。

受講生　宗教を理性で理解し、その理性から自然科学を考えるようになった、と考えていいのでしょうか。

橋爪　人間の理性（reason）は、誰が人間に与えたものなのか。キリスト教の考えでは、神です。理性として動く人間の頭の部分は、神と同型なのです。だから、理性は誤ることができない。人間の業でも、必ず正しい答えが出る。人間の精神活動のなかで最も信頼すべき働きなのです。

この理性を使って、自然を研究するのが、自然科学。科学は、実験・観察で見つかったエビデンス（証拠）にもとづく。科学は、これ以外のものを使ってはいけません。なぜなら、エビデンスは、神から与えられた自然の出来事で、人間が目でみたり手で触ったりして確認できるものだからです。それを素材に、理性は情報処理をしているが、理性のルールにもとづくかぎり、ヒューマンエラーをほぼなしにできる。だからこそ、その結論は正しく、真理に近づいていくと期待できる。

こういう制度はアジアでは、ついに生まれませんでした。自然に興味を持った知識人はもちろん、大勢いたのですが。

クエスチョン6

アメリカ的価値観とはなにか

ネイティブ・アメリカンと奴隷制の問題

受講生　アメリカ先住民の大量殺戮や黒人奴隷の問題は、アメリカで、どのように認識されているのでしょう？

橋爪　アメリカ先住民の土地を、なぜ取り上げてよいか。

アメリカ先住民は、狩猟採集生活をしていて、農業をしていなかった。農業をしている場合は、土地に対する所有権がうまれます。労働は、その成果を排他的に所有することを正当化する。これは、労働価値説にもとづき、ジョン・ロック（一六三二〜一七〇四年）がのべていることです。狩猟採集は農業労働ではなく、自然の成果をただで手にしているだけなので、土地に対する所有権は発生しない。ゆえに、農耕民の都合でよそに移動させ、居留地に閉じ込めてもいい。こういう理屈なのです。

奴隷については、戦争の捕虜は奴隷にしてよいという、古代からの慣習法があった。

ただしキリスト教徒同士は、戦争しても、相手を奴隷にしないという、キリスト教社会の慣習がありました。そこで、どうなったか。アフリカで、奴隷商人が、どこかの部族をけしかけて、隣の部族と戦争させる。その捕虜が、奴隷になるので、買い取るのです。そして船に積んで、アメリカ南部の奴隷州の港に陸揚げする。奴隷州は、奴隷の所有権を認めている州なので、奴隷として輸入された人間の売買は合法と認める。白人の農場主は、奴隷を購入して、綿畑で働かせる、というわけです。所有権は神聖なので、連邦政府といえどもこれを否定できなかった。

こういう論理によって南部の奴隷州が連合し、奴隷を認めない自由州が主導するアメリカ合州国から分離独立をはかったのが、南北戦争（一八六一〜六五年）でした。北軍が勝利して、奴隷は非合法になりました。にもかかわらず、黒人の状況はなかなか改善されず、今日でも大きな問題になっているのは、ご承知のとおりです。

とにかく南北戦争まで、合州国憲法は、奴隷の所有権を認めていた。

受講生　それはキリスト教的な発想から生まれたのでしょうか。

橋爪　近代になって奴隷制がかえって広がったのは、キリスト教の発想によると考えられる。

キリスト教では、神の世界に対する主権と、絶対的所有権を考えます。そこから派生する、人間の所有権も神聖視します。それは政府も否定できないもので、人権や自由の基礎だと考える。その所有権の範囲が、人間に及ぶかどうかが問題です。旧約聖書は、奴隷の所有権を認めている。新約聖書は、どちらともとれる。人間の所有権、すなわち奴隷の所有権を認めると、奴隷州となります。それはないと考えると、自由州となります。このような解釈の余地があり、ふた種類のアメリカができてしまいました。だから南北戦争が起きた。

強欲（greedy）とキリスト教

受講生　アメリカのウォール街には、強欲（greedy）な人びとが大勢います。こういう人びとを、キリスト教ではどう考えるのでしょう。

橋爪　日本で、富の格差が当然と思われるのは、それが労働の正当な対価だと考えられる場合です。ちゃんと働いた人は多くの収入をえて、あまり働かない人は収入が少ない、という差があっても、誰もおかしいと思わない。ただ、働きの差といっても限度がありますから、それを超えると、不正だという感覚になってくる。

アメリカでは、誰かがたくさん儲け、ほかのひとがあまり儲からなくても、神の意思だから甘受しなければならない、と考えます。市場には運、不運があるし、いろいろな事情や偶然で儲かる場合も、儲からない場合もある。それを含めて、市場は公正だとする信頼がある。大儲けをしたひとは、市場と神によって祝福されたのであって、努力したかどうかとは関係ないと考えるのです。つまり、不労所得で潤っても、市場のルールに従っているかぎり、何の問題もない。

利益を、教会や慈善事業に寄付するかどうかは、本人の自由です。ただし、金持ちがすべてを寄付して、わざと貧乏になることには、価値を認めません。わざと貧乏になって救われようとするのは、人間の業による救いで、苦行主義だからです。健康なひとがわざと病気になったり、安楽な生活を捨ててわざと苦行を行なったりすることを、キリスト教は認めないのです。

与えられたものは、感謝をして、自分のために使っていいのです。それをわざわざ断ったり、苦行したりすることは、罪になります。金持ちは金持ちのままでいるのが正しいということになります。

受講生　それでは、針の穴を通れないのではないですか（『マタイによる福音書』19章24節「金持ちが神の国に入るより、らくだが針の穴を通る方がやさしい」）。

橋爪　金持ちが救われる可能性が小さいのは、大切と思う富を貯えたところに、その人の心もあるからです。銀行に貯金があって、それはかり気にしていることが問題なのであって、銀行に貯金がたくさんあること自体が問題なのではありません。

キリストが生きていた古代社会では、市場メカニズムが不完全で、金儲けは、政治権力と不当に結びつくとか、裏で悪事を働くとか、する場合が多かった。金持ちが批判されるのは、そういう背景もあった。現代の市場経済は、正当なビジネスの場として存在しています。正当なビジネスのメカニズムと、宗教と、政府が並行して回っているのが、近代社会であり、その典型がアメリカなのです。

貪欲な人びとは、市場経済をゲームのようなものとみなし、そこでの成功を自己目的にしています。困った人びとだが、市場のルールを守っているかぎり、彼らを非難することはできない。

第三講義　イスラム文明の世界

イスラム教は平和のための宗教

クエスチョン1

アッラーとはなにか

タウヒード

橋爪　アッラーは、アラビア語で神（God）という意味。ユダヤ教のヤハウェ、キリスト教の父なる神と同じものです。天地を創造し、最後の審判の主宰者でもある、この世の唯一の神です。

この唯一の、「一」がイスラム教ではもっとも大事で、これを、タウヒード（唯一性）といいます。タウヒードは、キリスト教の三位一体に匹敵する、中心的な概念だと言えます。

アッラーが「一つ」なら、預言者も「一人」。預言者に従う人びとの共同体（ウンマ）も「一つ」。アッラーは、一人の預言者を選びました。その預言者がアッラーの言葉を聞き、それに従う人びとが人類全体に広がって、平和な人類共同体をつくる、というのがイスラムの理想です。

アッラーはヤハウェと同じものだといいましたが、違っているところもあります。アッラーは、姿かたちがない。旧約聖書のヤハウェは「自分のかたちに似せて人間を造った」ので、かたちがあると考えられます。けれどもアッラーは、生まず生まれず、不可見で、姿なくかたちなく色なく部分なく、始めなく終わりない、存在だとされます。そもそもかたちがないのだから、偶像をつくれない。イスラムの偶像崇拝禁止は、それだけ徹底したものになります。

タウヒード（一）が重要なのは、二や三は分裂を意味するからです。イスラムは分裂してはいけない。神は「一」、預言者も「一」、人類共同体も「一」。すべてが「一」ならば争いは起きない。平和のための宗教。これがイスラムの思想の、基本中の基本です。

受講生　キリスト教の三位一体は、聖書に書いてあるのですか。

橋爪　聖書には書いてないです。ヤハウェ（父なる神）、イエス・キリスト（神の子）、聖霊、の関係をいろいろ考えたすえ、その三つが実体として一つであると、教会の会議で決めたのです（25ページ参照）。決めたぐらいだから、反対意見もあった。正統ではあっても、ひとつの説（解釈）なのですね。

預言者

橋爪　さて、一人の預言者とは言うまでもなく、ムハンマドです。

受講生　でも、預言者は一人ではなく、大勢いたのではないでしょうか。

橋爪　はい。イスラム教ではムハンマドを、「最後で最大の預言者」と信仰告白する。「最大」の預言者だから、彼と肩を並べる預言者はいない。この意味で「一」である。そして、「最後」だから、彼の後に預言者はいない。ムハンマドで、預言者は打ち止め、ほかに預言者が現れる心配はない。けれどもよく考えてほしいのは、「最後」だから、ムハンマドより前に預言者がいた、と認めているのです。

では、ムハンマドより前の預言者とは誰か。旧約聖書の預言者（モーセ、イザヤ、エレミヤ、エゼキエル、サムエル、エズラ、ネヘミヤ、……）はもちろんのこと、新約聖書の預言者（洗礼者ヨハネ、ナザレのイエス）も含みます。イエスは、キリストで神の子、ではなく、預言者であるとします。そこで、預言者イエスの言葉である福音書を、聖典として重視する。ムハンマドは、これらの預言者の言葉を当然の前提とし、それを踏まえて預言しているのです。

イスラム教からみると、旧約の預言者に従うのが、ユダヤ教徒。新約の預言者イエスを神の子キリストだとして従うのが、キリスト教徒。どちらも、信じ方が間違っているけれども、アッラーの啓示に従っている点はよろしい。ゆえに彼らは、「啓典の民」であるとして、彼らの信仰を承認する。まったくの異教徒であるとはみなさないのです。

これは重要な点です。イスラム教は後発の宗教なので、先行したユダヤ教やキリスト教を批判しやすい面がある。実際、ムハンマドはそれらの宗教を手厳しく批判しています。でも批判するだけでなく、イスラム教の優位を説き、イスラム教への合流をよびかける。それは、ムハンマドが生きていた時代、多くの宗教が併存し、混乱が深まっていたことと関係しています。イスラム教には、争いを避けようという知恵が備わっているのです。

ウンマ

橋爪　ウンマというのは、イスラム共同体のことですが、これも世界に一つしかない。神は一なり、ウンマは一なり、です。世界中のムスリムが平等な資格で、たった一つのウンマの構成員であると考える。これが、イスラムの連帯の根本です。

このようにウンマは世界に一つしかないのですが、同時に、ウンマという言葉で、もう少し狭い範囲のイスラム共同体（たとえば、ある国とか、村や町とか）をさすこともできる。たとえば日本で、日本イスラム革命が起こったら、日本がウンマになる。ウンマの構成員は、信仰を共有する同志ですから、互いに助け合わなければならない。喜捨（ザカート）はムスリムの義務で、集まった資金をプールして支援が必要な人びとにわける。ただふつう、税金や寄付を集めるような場合は、世界中のムスリムから集めて世界中に配ることはできないので、もう少し狭い、各地域のコミュニティがウンマとして活動する。こうした資金を使って、地域のモスクを建てたり、貧窮者を助けたりします。

受講生　ウンマの範囲がよくわからず、あいまいな印象を受けます。

橋爪　ウンマの観念は、地域社会が活動の実態であっても、ほんとうは世界全体が一つのウンマ、と考えるところに特徴があります。地方や地域が独立性を高め、互いに対抗する傾向を抑止できる。ウンマに加えて、メッカ巡礼などもムスリムの一体性を高めている。その結果、キリスト教の場合に盛んになったナショナリズムの動きも抑制されて、近代化や政治的自立にマイナスに働く傾向もないとは言えない。

クエスチョン2

ムハンマドとはなにか

ムハンマドの生涯

橋爪　ムハンマドは、最後で最大の預言者です。

ムハンマドは、六世紀後半に、アラビア半島の商業都市メッカで生まれました。父母と早くに死別しましたが、伯父の庇護のもと、成長しました。商人として有能で、富裕な商人の未亡人であったハディージャの隊商をまかされ、その期待にこたえたことから、十五歳年長だったこの女性と結婚します。その後、三男四女の子どもに恵まれますが、男児はみな相次いで夭逝《ようせい》してしまう。そんななかムハンマドは、人生の意味を思い悩むようになり、ユダヤ教やキリスト教のグループと接触したり、砂漠で瞑想にふけったりするようになります。

大きな転機が訪れたのは四十歳ごろのとき。メッカ郊外のヒラー山で瞑想していた彼は、大天使ジャブライール（ガブリエル）を通して神の啓示を受けます。驚いたムハンマドが妻のハディージャに相談すると、彼女は預言者の道を進むよう彼を励まします。神の啓示はその後も続き、友人や知人などからもムハンマドに従う人びとが現れましたが、そのほかの多くのメッカの人びとからは敵視され、命さえ危険な状態になります。

そこで六二二年、ムハンマドは信徒たちをともない、ヤスリブ（現在のメディナ）に移動します。この移動を、ヒジュラ（聖遷）といい、イスラムではこの年をイスラム暦（ヒジュラ暦）の元年とします。ムハンマドは、メディナの地で多くの信徒を獲得し、教団の基礎を固めていきます。

当時のアラビア半島は、部族対立が激しく、宗教もさまざまで、深刻な混乱状態にありました。ムハンマドのイスラムの教えは、明快で魅力的だったため、信仰に加わるベドウィンの諸部族も続出し、大きな勢力となります。力を得たムハンマドは、次々に戦闘を有利に進め、六三〇年にはついにメッカへの無血入城を果たします。この動きに、アラビア半島の諸部族は進んで同盟を求め、イスラム共同体が形成されます。

この共同体が、ウンマです。

イエスとムハンマドの違い

受講生　ムハンマドは預言者なら、奇蹟を起こしたのでしょうか。

橋爪　イエスとはちょっと違った。イエスは病気治療のような奇蹟を行ないながら、町から町へと放浪しました。ムハンマドは、そういう奇蹟を特に行なっていません。けれども、神の言葉を聞いて、啓示を受けたこと、それ自体が奇蹟です。クルアーン（コーラン）の存在が、アッラーの奇蹟なのです。

第二は、きわめつきの奇蹟。ムハンマドが天空に駆けのぼったこと。ムハンマドはある夜、砂漠の真ん中からエルサレムに運ばれ、さらにそこから垂直に天にあげられて、モーセなど預言者たちと面会し、また降りてきた。イスラム教ではこれを、文字通りに起こった出来事（奇蹟）だと信じます。

クエスチョン3

クルアーンとはなにか

橋爪　クルアーン（コーラン）はアラビア語ですが、その原本は、天にいるアッラーの手元にある。それを、天使ジャブライール（ガブリエル）が読んでは、ばさばさとムハンマドのところに飛んでおりてきて、耳元で読み聞かせた。飛んでくるあいだに、ジャブライールがアラビア語に翻訳したとされています。

ジャブライールの声が聞こえるときは、ムハンマドは意識を失って横になり、聞き取った声を口走ります。それを傍らにいた人がもれなく記録し、整理したものがクルアーンです。

クルアーンはイスラム教の、唯一の聖典ですから、これも「一」がポイントになる。そこが旧約聖書や新約聖書と大きく違う点です。

旧約聖書や新約聖書は、多くの書物の集まりで、著者も文体も内容も成立時期もまちまちです。それに対して、クルアーンは一冊の本で、いくつもの部分に分かれていません。一人の預言者ムハンマドの受けた啓示で、文体も構成も一貫している。旧約聖書では、預言者が受けた啓示は一冊の書物として、預言者の名で呼ばれます（イザヤ書、エレミヤ書、など）。この意味では、クルアーンは、「ムハンマド書」と呼ばれるべき書物なのです。

またクルアーンは、アラビア語でなければならず、ほかの言語への翻訳を認めません。「認めない」とは、翻訳したものは聖典ではないので、礼拝や祈りに使えないという意味です。翻訳は解釈を含み、解釈は人間の業だからです。この点が、翻訳を認めているキリスト教の聖書と異なります。いっぽうユダヤ教は、キリスト教に比べれば、原文（ヘブライ語）の聖書を大事にしますが、イエスの時代には、ヘレニズム世界でギリシャ語の翻訳を使ったりしていました。

受講生　ムハンマドが啓示を受けたと言うけれど、そんなものは神の言葉じゃあない、信用できないという反論はなかったのでしょうか。

橋爪　クルアーンの論理はこうです。まず、アッラーが神本人であることは、アッラー自身がご存じである。ムハンマドが預言者であることには、証人が二人いる。ひとりはアッラー、もうひとりはムハンマド。成人男性二人の証人がいるのだから、これは間違いない。当時の法律の論証手続きなのですね。

ほかにこんな証明もある。クルアーンはみごとな韻文で記されているのですが、それは神でなければ知りえない天界のことがらや神秘について記されており、人間には不可能なほど完璧な作品である、というもの。そして、クルアーンの中で、もしこれを疑う者がいるのなら真似をしてもう一冊こしらえてみよ、と挑発している。挑発しているにもかかわらず誰もそれに成功していない。ゆえに、神アッラーがつくったのは明らか、というのです。ゆえに証明終わり、とイスラム教徒は信じる。

受講生　なんだかなー。

受講生　旧約聖書の場合は、死海文書が発見されたりしましたが、クルアーンの場合はどこまで遡れますか。

橋爪　遡る必要もないぐらい、原本そのまま。ムハンマドが啓示を受けた直後に現在のテキストに編纂され、複数のコピーが保存されてきたので、本文の確定度はすばらしく高く、異本がありません。聖書の場合には、旧約も新約も多くの異本があり、本文の確定作業が今日もまだ続いていますが、クルアーンに関しては本文の校訂の問題は存在しません。

受講生　古代から中世の西ヨーロッパでは識字率が低く、聖書原典がギリシャ語だったこともあり、一般の信徒が読めなかったということでしたが、イスラム世界ではどうだったのでしょうか。

橋爪　アラビア人はアラビア語がわかりますから、クルアーンを朗読すれば原典そのものを理解することができます。ペルシャ語はアラビア語に似ているので、比較的学びやすいといえます。トルコ語やアフリカ諸地域、パキスタンになると、だいぶ違ってきますが、人口の数％程度の人がアラビア語を勉強するので、その人たちが指導しました。

クエスチョン4
カリフとはなにか

カリフの意味

橋爪　ムハンマドはとても成功したリーダーであり、軍人、政治家、最高の宗教指導者、裁判官といったすべての能力と権力を一身に兼ね備えた人でした。このような指導者がいたので、初期イスラム帝国は政教一致でした。

しかし、そのムハンマドが死んでしまうと、後継者が必要になります。しかも、ムハンマドは最後の預言者であり、世襲などによってその力を受け継ぐ方法もありませんでした。そこで残された指導的な立場の人びとは、ムハンマドの能力と権力を専門家で分掌することを考えます。

法学者、裁判官の後継者は、最終的にウラマー（法学者）という専門的職能に受け継がれていきましたが、それに対して、ウンマを指導する政治的指導者としてカリフ（ハリーファ）という役割が設定され、選ばれた人物がこれを受け継ぐことになりました。

宗教的権威は、あくまでもウラマーが持っています。ウラマーはクルアーンを解釈することが仕事ですが、カリフにそれは許されていません。本来、解釈は人間がやってはいけないことですが、現実には誰かがクルアーンを読んで、それを厳密に適用しなければなりません。そこで、やむを得ず法学者がそれを担うのです。

それに対してカリフは政治的権力を持ちます。政治的権力というのは、キリスト教文明の考え方では世俗の権力ですが、イスラムでは生活のすべてがイスラムなので、世俗のことも宗教と一体となり、政治的権力は同時に宗教的権威ともなりえるのです。しかし、そうではあっても法の解釈は許さないなど、宗教的権力を法と政治に分けて、権力の集中を防いだのです。

イスラムはあくまでも一つ

橋爪　カリフの選定は、ムハンマドの死後、すぐに行なわれました。カリフはアブー・バクル→ウマル→ウスマーン→アリーと四代にわたって、合議制によって選出されました。

この四代までが、いわゆる正統カリフです。このあとアリーが暗殺されると、カリフはウマイヤ家によって世襲されるようになり、ここから十四代にわたるウマイヤ王朝が始まります。

そのいっぽうで、ムハンマドのいとこにあたるアリーの血統が正しいと考える人びとは、別のグループとなって分離し、シーア派となりました。それに対して、最初の四代のカリフと、それに続くウマイヤ一族のカリフを正統と考えるグループは、スンニー派とよばれます。

分かれたというと、例えばキリスト教が東方教会と西方教会に、カトリックとプロテスタントに分かれたのと同じようなものと思いがちですが、シーア派とスンニー派との間には宗教戦争などはありませんし、互いをムスリムと認め合っています。

それは、イスラムが分裂を決して認めないということが基本にあり、クルアーンは一つ、メッカが一つ、礼拝が一つ、巡礼が一つ、というように、両派に共通していることがたくさんあるからです。それが平和を基本とするイスラムの知恵なのです。

クエスチョン5
イスラム法の法源とはなにか

橋爪　イスラム教では、人間の取りうるすべての行動に関して、それはいい、それは悪いという法判断を下すことができることになっています。法判断を下すのはアッラーですが、最後の審判のときまでアッラーは出てこないので、それまでは人間が問題を処理しなければなりません。あたかもアッラーが裁いたかのように、人間が人間の行為を裁くことが、イスラム法学というものです。

ということは、人間が裁いていても人間が裁いていない、という形になることがとても重要になります。それは、法源という裁判の根拠を人間から取り上げてしまうことで可能になります。つまり、法源が神であれば、人間が裁いても神が裁いたことになるからです。

イスラム法の基本は人間が立法してはいけない、ということです。したがって裁判においても、人間に裁判権はありません。人間ではなく神の裁判権になれば、法源の権威は極めて高くなるのです。

法源とはなにか

橋爪　イスラム法の法源は全部で十種類ありますが、重要なものは次の四つです。

その第一は、当然のことながらクルアーンです。

クルアーンを読んでみると、法律書には見えません。明らかに文学作品です。禁止事項や罰則について書いてはありますが、法律書のように系統的にはなっていません。そこでそれを補うものが必要になります。それがスンナです。

このスンナが、第二法源になります。スンナは、「伝承」と訳されているように、ムハンマドの行為や言葉が、逸話の形で伝えられてきたものです。いわば、ムハンマドがどういう裁判をしたかという記録で、判例ともいえます。これで、クルアーンで解決できないことについて判断するのです。

ムハンマドは、キリスト教的に言えば、神の霊で満たされているので、間違えることはありません。同じケースでムハンマドと同じ判決を出せば、ムハンマドが裁判をしているのと同じなので、それは神が裁判をしているのに近いことになります。そこでたくさんのスンナが集められました。スンナを集めたものをハディースといいます。

それでも判断ができない場合、全世界の著名な法学者に手紙を送って返事をもらうというケースがあります。これをイジュマーといい、第三の法源になります。法学者全員の判断が一致した場合、これを法源として確定し、以後、ムスリム全体を拘束します。ただし、これは全員一致が原則で、多数決ではありません。

四番目の法源がキヤースです。やはり明文化されたものがない場合に、法学者が論理的な推論によって判断します。ただし、これは英米法のように一つの判例が他を拘束する、ということはありません。法学者を拘束するのは、あくまでもムハンマドの判例だけです。

さて、こうした考え方はユダヤ教から来ています。ユダヤ法でクルアーンにあたるのはタナハです。そのなかにトーラー（律法）がありますが、トーラーとはモーセ五書です。モーセ五書は文書になっていますが、それを補足する言い伝えとして、ユダヤ法学者のあいだに伝わっているノウハウのようなものがあり、それを口伝律法（ミシュナ）といいます。

ミシュナに対する注釈としてゲマラがあります。ミシュナとゲマラを合わせてタルムードといいますが、これを勉強するのがユダヤ法学者の仕事です。イスラムでも、このシステムを前提にしています。ただし、ユダヤ教では注釈が法律になっていきますが、イスラムではクルアーンについての注釈を付けることは絶対にしないので、スンナが重要になります。

イスラム世界の広がりや時代の変化と共に、スンナは膨らんでいかざるをえないので、それを批判的に吟味して、法学者がハディースを編纂していくのです。その違いによって、法学派ができます。イスラム（スンニー派）には四大法学派がありますが、それはスンナによる違いです。

クエスチョン6

イスラム銀行とはなにか

本当に利子は取らない？

橋爪　イスラム銀行では利子（リバー）を取らないといわれていますが、私の理解では利子みたいなものは取るのです。銀行なら利子的なものを取らなければやっていけないのですが、イスラムは利子としては取れない。そこで複雑なペーパーワークが必要になります。

日本のような国であれば、預金に対して何％かの利子を計算して、それを単純に乗せればいいのですが、イスラム銀行では預かったお金を投資したり、為替市場で動かしたりするなどして金利的なものを得て、イスラム法で許容される手続きを蓄積した結果、利子のような効果が生まれたということにするのです。その書類を全部つくらなきゃいけないので、一般の商業銀行に比べて無利子銀行では事務処理の量が膨大で効率が悪いようです。

効率は悪いのですが、湾岸沿いに無利子銀行がたくさんあり、そこに膨大なオイルマネーが預けられ、運用されています。こうした効率の悪い無利子銀行に資金を預ける理由は、欧米系の銀行にあまり預けていると、アルカイダなどに爆弾を投げつけられたりするからです。そこで、イスラム銀行に預けるという知恵がでてきたのです。
こうした政治的な理由によって、無利子銀行が成り立っているのではないかと思います。普通に金融機関として欧米系とまともに競争をしたら、とても太刀打ちできません。

クエスチョン7
イスラム原理主義とはなにか

原理主義

橋爪　かつて中東地域が西欧の植民地にされたとき、植民地政府はイスラム法を無視した立法行為を一方的に行ないました。ここに大きなトラウマがあります。ほとんどのイスラム諸国が植民地になった結果、イスラム共同体がズタズタにされてしまったのです。

しかも独立後にも、イランのパーレビ王政のように西欧化を進める政権があり、それはけしからんと、近代化に対する反動が起こりました。それがイスラム回帰、イスラム復興という考え方で、これはなにもイランのホメイニに限ったことではなく、イスラム世界ではあちこちで起こりました。

こういうのを見て、キリスト教徒はファンダメンタリズム（原理主義）という名前を付けました。これはもともと、キリスト教の用語です。キリスト教におけるファンダメンタリズムというのは、聖書を文字どおり、どの部分も正しいと読む態度のことをいいます。

しかし、キリスト教の聖書は、多くのキリスト教徒にとってはそのように読むものではありません。なぜなら聖書は、時代も状況も違うなかで形成された複数の本から成り立つもので、表面上矛盾すると感じられる部分が多くあるテキストです。そこがクルアーンとまったく違います。そうであるならば、一つの読み方、一つの態度で読まなければ信仰としては成り立ちません。だから、三位一体説のように、みんなで解釈の方法について議論し、みんなで決めたものが歴史上成立しているわけです。

ところが、プロテスタントがカトリックと縁を切ったとき、こうした歴史的な経緯とも縁が切れてしまいました。しかも、迫害を逃れて北米大陸に行ったあと、田舎の町で聖書しか読んでいない人びとにとっては、さらにそうしたことが曖昧になりました。結局、聖書の字面だけを手掛かりに自分の信仰を保とうとすると、特定の箇所にこだわるようになり、従来の解釈からは逸脱していくのです。

そうした人びとを従来の解釈を知っている人びとが、ファンダメンタリストと呼びました。そのこころは、聖書だけを手掛かりにしてそれだけが正しいと思っている、ちょっと困った人たちということです。

イスラムは原理主義か

橋爪　イスラム教徒とは、クルアーンをどこまでも正しいと考え、クルアーンに書いてある通りに行動する人びとです。それは当然です。ムスリムにとってはクルアーンが第一法源なのですから。それならファンダメンタリストではないかということで、イスラム原理主義という言葉が創作され、イスラムは原理主義だ、だから過激派だ、だからテロリストだ、というように、単純にイコールでつないだ三段論法が横行しました。

あるイスラムの知識人に、西側メディアはこんなことを言っていますが、あなたは原理主義者ですかと質問したら、次のような答えが返ってきました。

「クルアーンが神の言葉で正しく、それが思考や行動の基準になることが原理主義だというのであれば、私は原理主義者だし、すべてのムスリムは原理主義者だと思う。しかし、法律を無視して手段を選ばず、過激なテロや政治行動を行なうという意味であれば、私はそうでないし、九九・九%のムスリムもそうでないと思う。だが、そういう過激な政治分子というのは、残念ながらムスリムの中にもいる。でも、そんなことを言えば、キリスト教徒の中にもそれはいるし、マルクス主義者の中にもいるし、無神論者の中にもいるし、ヒンドゥー教徒や神道主義者のなかにもいるのではないですか。つまり、そういう過激な行動とイスラムの本質とは何の関係もないのです。」

なかなか立派な答えではないでしょうか。

ということで、イスラムと原理主義、過激派などというものを、イメージの中で一緒くたにするのはやめましょう。

受講生　そういう意味では、ジハードもそうですね。

橋爪　はい。ジハードはクルアーンに出てきますが、これはイスラムを守る〝努力〟という意味です。聖戦と訳していますが、〝戦〟ではなく〝努力〟というのが正しい訳です。戦うという意味はもともとありません。しかも、相手が先に手を出した場合の防衛的な努力です。

受講生　シーア派とスンニー派の対立がある、とニュースで言っています。

橋爪　シーア派とスンニー派がそんなに仲が悪いということはありません。例えば、両派のムスリムは一緒にメッカ巡礼に行きます。行く人は個人ですが、現地では五十万人、百万人単位で一緒に行動します。それが殴り合いにもならず、同じ白い服を着て七日間グルグルとカアバ神殿を巡るのです。

しかも、シーア派とスンニー派はもちろん、言葉も民族も習慣もまったく違う人たちが、集団生活をします。それが非常に貴重な体験になって、私たちは地球上に散らばっているけれども、同じアッラーを信じている同志だという深い実感をお土産に郷里へ帰り、それを村人に伝えるのです。

さて、人類全体がムスリムになるとどうなるでしょう。争う理由がなくなりますから、平和が来ます。平和、これがイスラムです。イスラムは平和のための宗教なのです。

第四講義　ヒンドゥー教とインド文明

カーストは本質的に平等

クエスチョン1

カーストとはなにか

カーストとは

橋爪　カースト制は、紀元前十三世紀ごろに、アーリア人がインドに侵入してきた結果、できたものといいます。

アーリア人はもともと、ペルシャのあたりに住んでいた民族で、西側に移動したグループはバルカン半島やイタリア半島に侵入した。それらの地域ではカースト制ではなくて、奴隷制の社会をつくった。古代文明では奴隷制がスタンダードだった。

古代奴隷制は長く続きましたが、次第に消えていきます。これには、環境破壊も関係していたかもしれない。古代文明が栄えたところでは、奴隷を使用した大規模灌漑《かんがい》農業が行なわれていました。これがやがて、灌漑のやりすぎによる塩害などで、持続できなくなります。ヨーロッパの場合、乾燥地帯に隣接する森林地帯の家族経営の農業が、次第にそれにとって代わり、それを領主が統治する封建制が発展していきます。

古代の奴隷制は結局、どこの文明でも、消え去ってしまったが、カースト制のほうは、いまも残っている。奴隷制よりも持続可能な、とても強力な仕組みであることがわかります。

カースト（ヴァルナともいう）は身分制ですが、奴隷制ではない。

第一に、平等の要素がある。インドの人びとの考え方によると、カーストの上下はあっても、輪廻《りんね》によって入れ替わるもので、誰がどのカーストになるかは順番なのです。ただし、生きている間には替われない。死ぬと、入れ替わるチャンスが与えられる。だからカーストは、本質的には平等だと理解できる。

第二に、結婚して家庭をもつ権利がある。すべてのカーストのメンバーは、カースト内で結婚して、同じカーストの子孫を残すことができます。いっぽう奴隷には主人がいて、結婚が許されないことがある。結婚できたとしても、行動の自由や法的能力に制限がある。

第三に、カーストは職業と結びついています。奴隷がどんな仕事をするかは主人の意向次第ですが、カーストでは、誰かが命令して職業を変えることはできません。生まれた瞬間に職業が決まっている。ということは、失業もない。なぜなら、その仕事はそのカーストの人間しかできないから。ほかの誰かがその職業をやりたいと、割り込んでくる心配がない。どんなに身分が高いカーストのひとでも、庭を手入れしようと思ったらそれができるカーストのひとを呼んでこなければならない。料理を作らせようと思ったら、そのカーストのひとを呼んでこなければならない。このように、すべてのカーストの人びとが相互依存しながら生きていく社会ができている。とてもうまい仕組みです。こんな仕組みを古代に考えたインド人は、なかなか素晴らしい。

こうした仕組みが生み出されたのは、インドが大きくて、人口の多い地域だったことがひとつの要因だと思います。攻め込まれて征服された側の人びとよりも、攻め込んで征服した側のアーリア人の人数のほうがずっと少なかった。だから奴隷制は、現実的でなかった。

そこで征服した側の人びとは、バラモンとクシャトリアという高位のカーストに収まって、宗教と軍事・政治とを担当すると宣言し、征服された側の人びとはほかのビジネス（商業・工業・農業・雑役などの生産的労働）をやりなさい、と分けたのではないだろうか。

はじめは、バラモン／クシャトリア／ヴァイシャ／シュードラの四カーストだったのが、その後だんだんもっと細かく分かれて、数えきれなくなった。最初はインドの中央部で始まったものが、次第にインド半島全体に広がっていくという経過をたどったのです。

他の文明圏との違い

橋爪　カースト制をとったインドは、他の文明圏とこんな点が異なる。

ヨーロッパ中世は封建制、身分制でしたが、それはおもに農村の話で、都市では身分制のくびきはリセットされました。都市は自治権を認められており、封建制や身分制と違った原理で、市民を対等に扱ったのです。農奴の身分も都市で無効化されました。それは、有能な商人や職人が多く集まれば、都市が栄えるからです。こうしてヨーロッパでは、都市が成長するのと入れ代わりに封建的な身分制は縮小し、最後には無意味なものになっていきました。

インドにも都市はありますが、自由にあたる考え方がないので、人びとは都市に出てもカーストが解消されない。近代化したインドには、ヨーロッパ的な考え方の人びとが多くいて、カースト制をなしにしようと言っている。政府もカースト制に反対です。それでもなかなか、カースト制はなくならない。いずれなくなっていくと思いますが、とにかく時間がかかる。インド社会の論理が、ヨーロッパとだいぶ違うからです。

日本も江戸時代には、士農工商の身分秩序があった。戊辰戦争のとき、会津藩は女性や子どもまで動員して戦いましたが、それは武士に限られ、農民は動員しなかった。農民は武器をとるべきでないとされていたからです。いっぽう、長州藩の奇兵隊には、農民も参加している。農民が武器をもって戦闘に加わるという考え方は、近代的なものです。

それを引き継いだ明治政府の軍隊は、国民皆兵で、どのような身分の出身でも大将、元帥になれる可能性がありました。学制もこれと同じ。士農工商も男女も関係なく、明治の末にはほぼすべての人が学校に行くようになりました。これは画期的なことなのです。これによって日本の近代化はスピードアップした。もともと農民だった人が、新しい産業セクターに移行するのに、大きな問題がなかった。インドでは、なかなかこうは行かない。

イスラムとの関係

橋爪　インドのカースト制に、反対する宗教があります。イスラム教です。

イスラムはカースト制を認めません。イスラムの場合、アッラーの前では、すべての人間は平等です。だから、どんな職業に就いていてもいいし、誰と誰が一緒に食事をしてもいい。礼拝のときも社会的地位と無関係に、みんなが横一列に並びます。これは人びとの平等を示している。こうしたイスラム教に魅力を感じて、改宗したインド人も大勢います。けれども、インドの人びとの大部分は、ヒンドゥー教を続けることを選んだ。イスラム教とヒンドゥー教は、水と油のようで、混じり合わないまま併存している。

シク教という宗教もあります。

シク教は、ヒンドゥー教とイスラム教の対立を乗り越えようとした宗教で、グル・ナーナク（一四六九～一五三八年）という指導者が五百年ほど前に創始しました。カースト制を否定し、人間はみな平等で、助け合い、勤勉に働きどんな職業にも就くべきだと考える。けれども、カースト制を乗り越えることにはならず、ヒンドゥー教、イスラム教に次ぐ第三の宗教として、インドに定着しています。

クエスチョン2

輪廻とはなにか

橋爪　カースト制のいっぽうで、インド人は輪廻という考え方にこだわります。これもインド人だけの考え方です。

カーストと輪廻は表裏の関係で、現世で低いカーストであっても、死んで生まれ変われば違うカーストになる可能性があると考えます。

輪廻と対照的な考え方が、祖先崇拝です。中国は祖先崇拝なので、仏教を導入したけれど輪廻は理解しがたいものでした。儒教には、輪廻はありません。結局、中国でもかたちだけ仏教は残っていますが、輪廻は無視された。輪廻の考えは、中国人の発想のなかにほとんど残っていません。

日本人は、祖先崇拝をしているつもりかもしれませんが、本場の中国、韓国にくらべると、こんなものは祖先崇拝のうちに入らない。外国でもやっているからと、気休めのようにかたちばかりを取り入れただけです。

日本人の考える祖先は、せいぜい二、三代さかのぼる程度です。その前の祖先は、名前もわからないことがよくある。これではとても祖先崇拝とはいえない。中国や韓国では何百年もさかのぼるのが、ごくふつうです。

要するに日本人は、輪廻を信じているわけでもないし、かといって、祖先崇拝をまじめにやっているわけでもない。

受講生 日本にも生まれ変わりの考え方はあります。

橋爪 生まれ変わりと輪廻は違います。日本では大昔、幼い子どもが死ぬと、正式の墓に葬らずに、家のそばに埋める習慣がありました。生まれ変わってほしいという親の思いです。これなども輪廻とは関係ありません。輪廻だったら、何に生まれてくるかはわからないのです。ほかの動物になったり、ほかのカーストになったりしているはずで、もとの家に生まれてきたりはしない。

輪廻は、おもしろい考え方で、人間と動物のあいだに境がありません。動物と人間は同類、という考え方です。これは一神教と大変に違う。一神教だったら、サルと人間はまったく違うものであって、同類だなどとは考えない。それぞれの種は、神によって別々に造られたと考える。いっぽう輪廻では、生命体としては同じですから、ほかの動物に生まれ変わるのがふつうなのです。

境があるのは、動物と植物の間です。動物を有情《うじょう》といい、そうでないものを無情《むじょう》という。違いは神経組織の有無で、植物には神経組織がないから無情である。インド人はこのように観察して、原則を立てている。

輪廻の特徴として、輪廻しているという証拠がないことがあります。というのも、誰にも記憶がない。本当に輪廻しているなら前世があるはずです。ところがその記憶がない。わからなければ、ないのと同じです。輪廻についての問題は、わからないことをなぜ信じるのかということです。

受講生　カーストで下から上に行きたいと思った場合、このようにすれば、次には上に行ける、というような基準があるのでしょうか。

橋爪　おおまかな基準はあります。

ヒンドゥー教と仏教に共通する考え方として、因果の観念があります。原因があるから結果がある、という考え方です。この考え方は自然科学と似ていて、合理的なのですが、ヒンドゥー教と仏教の場合は、物理的な因果に加え、人間の行為の善悪の因果も議論の射程に収めている。

人間の行ないには、いい行為と悪い行為があります。悪い行為とは、たとえば、殺《せっ》生《しょう》です。むやみに人間や動物の生命を奪う。それから、ひとのものを盗む。ほかにも、法律を破る。法律には違反しなくても、意地悪をする。いじめる。嘘をつく。これら悪意に満ちた行為もみな、悪い行為です。そんなことばかりしていると、悪い原因が積み重なって、次に生まれるときには人間よりランクが下がって、虫ケラに生まれる、みたいに考える。

その反対に、自分の利益ばかり考えずに、いつもみんなのことを考えて一生懸命努力し、正しく行動しているひとは、それだけいい原因が蓄積されるので、いまのカーストよりいいカーストに生まれ変わる。そう確信する。

これがヒンドゥー教の考え方そのもので、仏教もいちおうそれを下敷きにしています。カースト制は輪廻の考え方と合わさって、安定しているのでした。

クエスチョン3

ヒンドゥー教とはなにか

ヒンドゥー教の原型はバラモン教

橋爪　さて、カーストと輪廻を前提として生きているインド人のものの考え方を知ることが、ヒンドゥー教を理解するポイントになります。

じつは、その前身であるバラモン教は、征服民族であるアーリア人が持ち込んだものだった。バラモン教は、宗教とは言いがたい。むしろ哲学的に、宇宙や生命の本質を探究しようとするものだった。ヒンドゥー教の論理は、バラモン教の段階でほぼできあがっていたと言えます。そこに、アーリア人が征服した先住民が信じていた神々も、手あたり次第に取り込んでしまったために、ヒンドゥー教という、とてもひとくちでは説明できない多神教ができあがった。

バラモン教は、エリートの宗教ですから、儀式を執り行ない、人びとを指導するバラモン階級がとても重要になります。けれどもそのバラモンたちは、とても個人主義的で、自分の思想や生き方と、この宇宙の根本原理が合致することを目指している。それを人生の究極の目標にしている。いまでもインドでは、そういう人が一番尊敬されています。バラモンの男性の理想は、仕事や子育てが終わって人生にひと区切りついたら、家を出て、山林に入って、ほかのバラモンたちと清らかな交流のときを持ち、宇宙の真理との調和をめざして生きること。いよいよとなれば、林を出てインド大陸をほっつき歩き、そのうちにばったり倒れて死んでしまう。それを理想とする。

多神と化身

橋爪　ヒンドゥー教には無数の神がいますが、そのなかでも、ブラフマー、ヴィシュヌ、シヴァの三神が大事ということになっている。ブラフマーが世界をつくって、ヴィシュヌが維持し、シヴァが破壊するというのが一般的なとらえ方です。

ブラフマーは世界の創造主です。

背後にヘビが描かれているのがヴィシュヌで、太陽の光を神格化したものであり、慈悲深い神と考えられています。このヴィシュヌのいくつかの化身の中には、仏教の開祖であるゴータマ・シッダルタ（ブッダ）も入っています。

シヴァは破壊の神です。額に三番目の目があって、ここから放つ光はヒマラヤを焼き尽くすほどの威力があると言われています。怖い神ですが、同時に再生をつかさどる神でもあり、ヴィシュヌと共に人気があります。

この三つの神は、もとは一つだったとも言われています。神がどれだけいるかということを確定するのは非常に難しく、神の名前を知ることも難しい。例えば、ベンガルの辺りにいるAという神を調べてみると、その神は別の神Bの化身で、実は○○神であると信じられている、などということがよくある。似たようなことは日本でもあり、多神教にはよくある話です。

神Aを拝んでいるグループAがあり、神Bを拝んでいるグループBがある。これだけだと、それぞれのグループは、拝んでいる神がひとつなので、まるで一神教のようである。でも、インドの中で、グループAとグループBは共存してやっていかなければならない。このままだと、信仰する神をめぐって、トラブルが起こる可能性がある。そこでこういう場合、神A、神Bの背後に、共通の○○神を置けばよい。この神は、どんな神でもいいのです。

そうすると、神Aを拝んでいる人びとは実は、神Bを拝んでいる人びとと同じ神を拝んでいることになり、トラブルにならない。私たちは神を神Aとして拝んでいるので、好きにさせてください。あなたたちは神を神Bとして拝んでいるので、勝手にやってください。互いに、信仰には干渉しません、というやり方です。

このやり方の一番大事な点は、神A、神Bはそのままでいいということ。もちろん、見れば違いは明らかです。でも、神には本来実体がなく、あらわれるときにメタモルフォーゼして、こういうかたちになる、と理解する。こうしたあらわれ方が、化身でした。

神が「化身」するという考え方が、ヒンドゥー教の根本的な点だと思います。こんな便利な考え方はない。この考え方によれば、どんな宗教もヒンドゥー教になってしまう。

たとえば、ヴィシュヌ神の第八番目の化身がブッダだとされています。仏教の論理から言えば、ブッダを大事にし、ブッダの教えに従うのが仏教ですから、私たちはヒンドゥー教とは違いますと主張する。仏教にとっていちばん大事な信仰の核心はここにある。

でも、これを認めると、インドにはヒンドゥー教ではない考え方が存在することになります。この結果、インド大陸はいくつもの宗教に分かれ、バラバラになってしまいかねません。せっかくカースト制をこしらえて、戦争がないようにしたのに、場合によっては内戦になるかもしれない。

そこで、ヒンドゥー教の側としては、「ブッダは、ヒンドゥー教のこれこれの神が化身したものだ、知らないのか」と主張する。これがヒンドゥー教の逆襲です。

こういう論法で、由来の異なる信仰がいくつも束になって集まってできたのが、インドの宗教、ヒンドゥー教だと思うのです。

ヒンドゥー教を構成するそれぞれのグループには、具体的な信仰（具体的な神）があって、ほかのグループ（神）には関心を持たない。でも互いに、ヒンドゥー教徒だという意識をもつことで、個々の具体的な神を超えた、抽象的な神にともに従うグループだという意識をもつことができる。この抽象的な神は、本来はひとりなのだけど、あらわれとしては複数になる。これが「一即多」という考え方です。

これは一神教の、「偶像崇拝の禁止」と裏返しの考え方になっている。一神教では、神は厳密に、ひとりでなければならない。一神教の神（God）は絶対的な中心なので、二番目以下の存在を抹殺していきます。二番目以下の神がいてはならない。あべこべにインド人の場合は、神はひとりでも、大勢でも、気にしないのです。

ヒンドゥーとは、「インドの」という意味でした。ヒンドゥー教は固定したドグマや内実をもつ宗教ではなく、インドにある宗教すべてのこと、と考えるべきではないか。だから、ヒンドゥー教の信徒ですという言い方もないし、ヒンドゥー教に加わる儀礼もありません。

受講生　まるで神道のことを言われているみたいですね。

橋爪　はい。神道にも入門の儀礼はなく、神道の信徒ですという言い方もありません。初詣に行くだけ、程度のひともいれば、お百度参りをしたり、氏子としてお祭りを仕切ったりする熱心なひともいる。その意味では、よく似ています。

クエスチョン4

仏教はヒンドゥー教とどう違うか

橋爪　仏＞神

これが仏教のいちばん大事な不等式です。

この右辺の神とは、インドの神々、ヒンドゥー教の神々です。左辺の仏とは、とりあえずゴータマ・シッダルタのことですが、仏とは「覚《さと》った人」のことだから、人間でもある。したがって、「神より仏が大事」ということは、「神より人間が大事」と言っているに等しいことになる。そういう意味で、仏教は、人間中心主義です。人間の能力を極めて高く評価する。

神より仏が大事、神より人間が大事。これをパラフレーズしてみると、神なんか拝んでいる場合ではない。そんなことをしている暇があったら、自分が修行して、さっさと仏になりなさい、なのです。

神より仏が大事、といっても、神を拝まずに仏を拝みなさい、ではない。仏を拝んでも実は、仕方がない。仏は自分自身、自分の理想なのです。仏になることをめざして、努力することが大事。その努力以外に、価値はない。だから、偉い神さまがいるらしいが、私は関心ありません、というのが仏教です。

受講生　神より仏が大事と、仏教の経典に書いてありますか。経典に神のことは書いてなかった気がするが。

橋爪　経典には、インドの神々が登場します。けれども、「神」という名ではない。経典を漢訳した人びとは、インドの神々を、「天」と訳した。神より天のほうが漢字の感覚だと、格上なのです。「梵天」は、インドの神々代表、ブラフマー神。「帝釈天」は、梵天と対になる、インドラ神。以下、「広目天」「毘沙門天」「弁財天」「韋駄天」……といくらでも出てくる。みな、ヒンドゥーの神々です。

さて、これら「〇〇天」の役割はなにか。端的に言って、お釈迦さまの応援団。覚りを開いたブッダに感心し、褒めちぎり、インドの民衆のためにどうか法を説いてくださいと懇願する。自分は覚っていないし、説法もできないから、ブッダに頼んでいるわけでしょう。要するに、仏>神、なのです。

経典は、インドの人びとに向けたものです。経典を読むと、ヒンドゥーの神々よりも、ブッダのほうが大切であると、自然にわかる仕掛けになっている。みなが拝んでいるヒンドゥーの神々が、ブッダにペコペコ頭を下げている。ブッダがそんなに偉いのなら自分も仏教徒になろうか、なのですね。

ところがそのインドから、仏教が消えてしまった。いまはほとんど、影もかたちもありません。それはどうしてか。さっきお話しした、ヒンドゥー教の逆襲があったと考えられます。つまり、仏教をヒンドゥー教の一部として包摂し、ブッダはヒンドゥー教の神の化身だとする考え方です。これなら、ブッダが何を言っても、それはヴィシュヌ神が言ったことになるのですから、じつにうまいやり方です。

こうして、

仏＜神

という不等式が成立してしまう。先ほどの、仏教の基本不等式が否定されてしまった。

このやり方を、仏教ではなくて一神教に適用すると、ヴィシュヌ神の△番目の化身がヤハウェ、と言うこともできるかもしれない。一神教もまるごと、ヒンドゥー教に取り込めてしまうかもしれないという、すごいアイデアなのです。

クエスチョン5

シク教とはなにか

多即一

橋爪 ヒンドゥー教にいう「一即多」あるいは「多即一」とは、これまで説明したように、「神々が大勢いても実は、ひとつの神がいるのと同じ」ということでした。ただし、このひとつの神は、名前もないし、正体も教えてくれません。神に名前をつけて、「こういう神です」と言ったとたんに、数ある神々のなかのひとつにされてしまうから。それを言わないというところが、ポイントです。

ヒンドゥー教はこうしたロジックを持っているのですが、このロジックから、キリスト教の隣人愛と正反対の態度が生まれます。

インド社会の特徴は、道ばたに飢え死にしそうな人びとがゴロゴロ横たわっていても、人びとは知らん顔で通りすぎる。実際に死んでしまっても、見向きもされないということです。

なぜこんなことになるかと言えば、互いに干渉しないのがインド社会のルールだから。無関心が制度化されている。

Bグループのことは Bグループで勝手にやりなさい。Aグループはそこに立ち入りません。という考え方で、カースト制は文字どおりそういうやり方だった。宗教や信仰も同じことで、あなたが何を信じようと自由にしてください、私も好きにします、というやり方が基本になる。結局のところ、どんな神も同じ神なのだ、ともどこかで思っているから、相手を真剣に排斥しなくてもすむ。

こういうヒンドゥー教のやり方と、まったく反りが合わないのがイスラム教です。ヒンドゥー社会にイスラムがやってくると、ヒンドゥー教は偶像崇拝にしかみえない。イスラム教は、自分が正しいと思っているので、「私たちは普遍的なやり方でやっています。あなたたちのやり方は間違いだし、認めません」という態度になる。これでは、「イスラム教はどうせヒンドゥー教の一部ですから、どうぞご自由に」と、ヒンドゥー教は言い返したくても、通じない。そのため、緊張を孕んだ関係になってしまう。

現実のインドには、ムスリムもヒンドゥー教徒も混在して暮らしています。激しく争っているわけではない。しかし、イスラムは仏教と違って、ヒンドゥー教の一部には絶対にならない。水と油なのです。

これは、イスラムが千年あまり前にインドに入ってきてから、ずっと続いている関係です。

いくつものイスラム政権が、インドを支配してきました。インドにはタージマハールという立派なイスラム建築が建っているでしょう。十六世紀に成立したムガール帝国（一五二六～一八五八年）の王様が、建てたものです。ムガール帝国はイスラム王朝ですが、インドの民衆がヒンドゥー教を信じるのを妨害しなかった。これはまさしく「多即一」で、すばらしくヒンドゥー的な解決だった。

シク教

橋爪　インド人というと、ターバンを巻いた様子を思い浮かべるひとが多いと思います。シン前首相もターバンを巻いている。あれは、インドでは少数派のシク教徒です。

シク教徒は、ヒンドゥー教徒と違う。どんな職業にも就くことができて、しかも勤勉です。一般社会で職業に就いて、その道に励むことを教えとしている。カースト制に反対なのです。シク教徒は誰でも同志だから、食事もいっしょにします。ヒンドゥー教徒は、カーストが異なるといっしょに食事をしない場合がある。

シク教の創始者は、グル・ナーナクという人物です。いまから五百年ほど前のひと。彼は、ヒンドゥー教とイスラム教が対立するインドの現状を憂え、両者の調和、両者の統一の道を模索しました。結果、両者のよいところを取り入れたシク教という宗教を創始したのですが、両者を融合することはできず、かえってもうひとつ宗教が増えてしまった。

シク教は、ムガール帝国との抗争を続けながら、パンジャブ地方に独立王国を築き上げました。

そこへやってきたのがイギリス人です。植民地統治のために、行政官や軍人、技術者など近代的な職業に就く人びとが必要だったのですが、ヒンドゥー教徒はカーストによって職業が決まっているため、募集してもあまり応募してきません。いきおい、シク教徒を採用することになった。

イギリスの植民地統治は、分割統治が基本です。シク教徒が有能で、しかも少数派であるのに目をつけた。ヒンドゥー教徒やイスラム教徒に言うことを聞かせるため、彼らに圧迫されていたシク教徒を手先に用いることにしたのです。イギリスは、インド植民地軍をシク教徒を中心に編制し、ほかにも、自動車の運転手や学校教師、エンジニアなど、近代的な職業にどんどん登用しました。やがてこうした職業はほぼシク教徒が独占する、という状態が生まれます。すると、ヒンドゥー教徒やイスラム教徒の反感はおのずから、シク教徒に集まることになる。結果的にシク教徒は、イギリスの代理人として行動したおかげで、イギリス人の代わりに憎まれる役回りになった。

受講生 日本を含め、いまも海外で活躍している人が多いですね。

橋爪 しばらく前まで、海外に出てビジネスをやろうとか、留学しようかという人びとは、ほとんどがシク教徒でした。だからターバンをしている。私たちがインド人だと思って接していたのは、シク教徒だったかもしれません。とにかく勤勉なので、インドのユダヤ人とよばれているほどです。

でも最近はヒンドゥー教徒も近代化して、インドは変わりました。今では、シク教徒だけがインドの近代的なセクターを支えているわけではない。

クエスチョン6

インド文明とはなにか

橋爪　インドの特徴は、北にヒマラヤ山脈があり、南にインド洋がある半島で、地形的に孤立していることにあります。それでも十分に広いので、孤立した、完結した世界になっている。その完結した世界のなかで、言語も民族もバラバラなまま、統一されずに今日まで続いてきました。

ヒンドゥー教の原則は、「一即多」ですから、バラバラであることはまったく問題がありません。多様性が残されていてこそ、インドなのです。しかし、多様性を残そうとすれば、メリットもあるが、ある程度のコストがかかります。そのコストのひとつが相互無関心であり、それが国民統合を難しくしています。

インドは、イギリスの民主制を取り入れて国民議会をつくり、日本と同じぐらい古い議会政治の歴史があります。独立してからは、ずっと民主主義でやってきている。でも国民経済は、あいかわらず脆弱《ぜいじゃく》なままです。

日本は行政機構が頑張って、経済五カ年計画や全国総合開発計画などを策定し、国民経済を作り上げました。国民もそれが当たり前のように思って、景気が悪いと政府を批判します。また「健康で文化的な最低限度の生活」を保障するなどと憲法に書いてあるものだから、自分の生活が改善されないことの不満を政府にぶつけます。

インド人は、そんなふうに考えないと思う。「健康で文化的な最低限度の生活」など、考えるのは無理というものです。下を見ればきりがないほど悲惨な生活があり、上を見ても想像を絶するほどの金持ちがいる。

受講生　インドの憲法は基本的人権について、どう表現されているのでしょうか。

橋爪　もちろん立派な人権条項がある。問題は、インド社会の慣行（典型的にはカースト制）と、人権との関係です。国民会議派などインドの近代主義者は、カースト制をやめましょうと宣伝したり、いろいろ策を講じていますが、あんまり効果がない。

このあたりは日本とまったく違うところで、日本では身分制度みたいなものがあったけれど、政府が「四民平等」を宣言したら、たちまちなくなりました。肉食や廃刀令、ちょんまげの禁止なども、実にスムーズでした。日本では、政府の行政指導が、社会慣行や宗教的ルールよりも強力なのです。

でも、政府の行政指導がこれぐらい近代化にプラスに作用して、人びとの行動や考え方が変わる国は珍しい。むしろインドみたいに、抵抗があるほうがふつうです。伝統社会の習俗を変えるには、百年ぐらいかかるのが当たり前。日本はそれが、十年ぐらいで済んでしまった、珍しい国なのです。

クエスチョン7

覚りと解脱

受講生 仏教において、覚るとは、どのような状態をいうのでしょうか。

橋爪 いい質問です。

「覚る」とはどういうことか、仏典を読んでも、明確な定義がない。わけがわからないのです。私の理解では、そんなに特別なことではなく、誰にでも起こることである。

「覚る」とも「悟る」とも書くでしょう。「覚」の字をあてたのは、目が覚めるのと共通する状態だから。人間が「覚る」とは、目が覚めるようなことで、覚らないひとは目が覚めていないみたいなものです。目が覚めていないから、夢をみている。目が覚めたなら夢ではなく、しっかりと現実をみている。この世界の真実のありさま(ダールマ)をみている。

夢とはなにか。現実のあるがままと、ギャップがあるでしょう。自分の願望や恐れや、気分のありかたによって、世界が歪んでいる。世界がこうだといいな、こうだと嫌だなという思いが先走って、ありのままの世界をみることができない。その結果、間違った道を歩んで、正しく生きることができなくなる。ろくなことがない。迷いといっても、無明といってもよいでしょう。これが夢だとすると、それはよくない状態ですから、覚めたほうがいい。夢と覚りとは、逆の状態です。

別なふうに言い換えてみましょう。

覚りとは、人間が自分に与えられた条件を正確に、ありのままに認識して、人間として生まれたということはこういうことなのだ、では私はこういうふうに考え、こういうふうに行動していかなきゃいけない、と気づくことです。それには、自分の怒りや憎しみといった感情をコントロールしたり、社会の道徳や倫理を逸脱して、自分の都合だけで間違った行動をしてしまうといったことをなくしたりすることも含まれるでしょう。

ほかにも言い方はいくらでもあると思いますが、要は、世界の正しい認識+自己コントロール。これが覚り、だと思います。

誰でも努力すれば、覚りをえることができるはずですが、仏教が発展していくにつれて、誰にでもできるわけではないことになり、釈尊だけができることみたいになってしまった。覚るなんて、滅多にできない、すべてふつうの人間はどうしようもなく迷いの中にある、ということになってしまったのです。でも、それは違います。もともとの仏教はそういうものではありません。

受講生 覚りと解脱《げだつ》は、同じことですか。

橋爪 覚りが本体で、解脱は結果です。

解脱とは、端的に言うなら、インドの秩序、インドの常識を飛び出すということです。

インド人がインド人としてふつうに考えていると、カーストのような社会の規制を前提にして、インド風に行動してしまいます。そんなことには、あまり価値がない。人間は、インド人になるために生まれてきたわけではないはずだ。ほんとうの人間になるために生まれてきたはずだ、と考えるのです。

つまり仏教には、脱インド的な要素が最初から仕組まれているのですね。だから、インドで生まれたけれども、インドの枠を飛び出して、中国に伝わり、日本に伝わって、理解されました。

ヒンドゥー教は、そうはいきません。インドの人びとの生き方、考え方のことだから、インドの外に出ていくことができない。まあ、東南アジアなんかにも一部、伝わりましたが、もともとインドの現実と密着しています。仏教はインドと密着していないから、インドの外に出ていくことができたのです。

解脱は、それをシンボル化したもの。インド社会には、輪廻の法則が働いているのでしたね。そのインド社会の現実を抜け出しているのですから、輪廻を抜け出さなければならないと考えて、解脱という言い方になったと思います。

釈尊が、自分の覚りを、「輪廻から解脱する」と理解していたか、私は疑問です。あとから、そういう理屈をくっつけたのだろうと思う。ともかく後世の仏教では、そういうことになっている。覚りと解脱とは、一体不可分ということになります。

でも覚りをそんなふうに考えると、むしろわかりにくくなる。解脱がどうのこうのは脇に置いておいて、端的に、この世界の真理に目覚めて、その真理にもとづいて行動すること、それが覚りだ、と考えればよいと思います。

第五講義　中国文明と儒教・仏教

儒教はなぜ宗教といえるのか

クエスチョン1

中国とはなにか

秦の始皇帝はCUをつくった

橋爪　まず、中国という呼び方はとても新しい。

あの国、あの地域のことを何とよぶか。実は、なかなか難しい問題です。秦、漢、隋、唐、宋、……のように、歴代の王朝の名前はあるが、国や地域そのものを表す名前がない。民族は、漢と呼ばれる。漢族、漢民族のように。中国語も実は、漢語（漢民族の言語）という。中国は多民族国家、多民族社会で、漢族以外にもさまざまな民族、多様な文化を含んでいる。それは、昔からそうだった。

最初にこの地域を統一したのは秦（紀元前二二一〜前二〇六年）という国です。その王朝の名前がシルクロード経由でローマに伝わり、そのあと訛ってヒイナとかシノワとか呼ばれている。英語では、チャイナになっています。語源をたどれば、国際的には中国の呼び名は、「秦」なのです。

このチャイナやシノワという呼び方を輸入して、日本では支那と呼ぶようになった。支那そばとか支那竹とかいう、あれです。基本的には、チャイナと同じ意味である。特に差別語というわけではない。

ところが戦後、この呼び方はいけないことになった。正しく、「中国」と呼びなさい、というわけです。でも中国は、「中華民国」「中華人民共和国」の略称なので、その意味するところは「中華」。要するに「まんなか」という意味ですから、これはその地域を表す固有名とは言いにくい。中国の人びとは、自分たちの国や地域を表す名前をもっていないのです。

もっとも、自分たちを表す固有名をもっていないのは、どの文化、どの社会にもよくあることで、中国だけの特徴ではない。たいていの場合、異民族やもっと強大なグループと出会って、彼らからみた名前をつけられ、そういうものかと、それを自分たちの固有名にする。自分を、ワン・オブ・ゼムとして対象化し、相対化するわけです。中国の場合、そういう対象化、相対化をしなくてすむぐらい、大きなまとまりだった。世界的にみても珍しい例だと思います。

「中国」とは、世界の真ん中にあって、道徳・価値の規準になる国という意味。ですから仮に、中国が大混乱に陥って、道徳・価値の規準にならない状態になったりするようなことがあると、別の国が代わって「中国」を名のるということもありうる。実際に、江戸時代の儒学者の中には、夷狄《いてき》（満洲族のこと）に占領された中国は中国ではない、いまや日本こそが中国だ、として日本を「中国」と称したひともいました。

いずれにしても中国とは、チャイナのことだと考えてください。

ただしこれを、日本や、ヨーロッパによくある国々のような、ふつうの国民国家、民族国家と考えてはいけません。むしろアメリカや、かつてのソビエト連邦のような、それよりランクが上の、人造国家と考えたほうがよい。

ソ連は民族国家ではなくて、マルクス主義を指導原理とするイデオロギー国家。たくさんの共和国を束ねた「共和国連邦」でした。アメリカはアメリカで、ステイト（州と訳しますが、要するに、国家）がたくさんあり、その連合体としてアメリカ合衆国（と訳すけれど、合州国）をつくっている。

アメリカというと、外交や安全保障を担うワシントンの連邦政府ばかりに目が行きますが、ビジネスや日常生活に関わる法律はほとんどが州法でカバーされている。社会の実態は、州にあるのです。州という名の、国。憲法や議会や、軍隊（州兵）までもっている。これらの国は、「ユナイテッド・ステイツ」なるものをこしらえて、国家を超えたそのうえの新たな「国家」をつくりました。つまり、ふつうの国を超えた国、なのです。だから「ワンランク上」なのですが、中華帝国も古代からこうしたシステムをこしらえていた。

アメリカ合衆国の本質は、「州と州の戦争ができない」点にあります。州と州が戦争した南北戦争（と訳すが、英語では、内乱）が鎮圧されて、アメリカ合衆国はほんものになった。統一帝国・中国の本質も、「地方と地方が戦争できない」ところにある。中華帝国の存在理由の第一は、内乱の抑止なのです（実際には抑止できなくて、しばしば内乱になるとしても）。中国の歴史を見ると、統一と分裂を繰り返している。なぜ分裂し、なぜそれがまた統一されるのかと言えば、その根本に、こうした国のかたちがあるからと考えるべきです。

中国は、多民族国家。さまざまな民族が、さまざまな言語を話して暮らしている。この巨大な国を理解するのに、いちばんよい補助線はヨーロッパ連合（EU）です。EUも、さまざまな民族が、さまざまな言語を話して暮らしているでしょう。それならと、もともと文化的なつながりが深かったが、経済的な結びつきも強まった。それを、政治的な統一に向けて一歩を踏み出した。それを、ヨーロッパ連合＝EU（European Union）という。中国は、二千年も昔に成立した、EUみたいなもの。つまりCU（China Union）だと思うわけです。

ＣＵは、軍事力で周辺の国々を統合しただけではつくれません。文化的な基盤がなければならない。漢字を規格化して、文字を統一した。法律も統一した。貨幣や度量衡、道路の幅、それ以外にも各種の制度を共通にしました。これはいま、ＥＵが進めているのと同じことです。

ところで、ＥＵは言語を統一する予定があるでしょうか。あるとは聞いていませんね。中国も言語は、統一しませんでした。だからいまでも、中国語の方言（広東語とか、四川語とか、上海語とか、……）は互いに通じない。でも、文字を統一しました。言語は統一しなくても、文字は統一できるのです。

では、中国を統一した、漢字の秘密とはなにか。

ヨーロッパには、ギリシャ文字がある。それが、ローマ字、キリル文字に発展した。いずれの文字も、役割は同じです。表音文字だから、ひとつの文字のシステムで、いろいろな言語を表記できる。知らない言語が書いてあるのを見た場合、文字（おおよその発音）はわかりますが、意味はまったくわからない。つまり、読めないのと同じです。

それに対して漢字は、表意文字です。表意文字だから、統一が可能だった。異なった言語がいくつあっても、意味（概念）を共通の文字で表すならば、それをそれぞれの言語で読むことができます。それは、たとえて言うなら、「我愛你」を英語で「I love you」と読むことにする、というようなもの。強引ですが、こう決めてしまえば、漢字という単一の文字システムを使いながら、各地の言語はいままで通りでよいことになる。役人や知識人、商人など、文書を作成する必要のある人びとだけが、漢字を勉強すればいい。表意文字には、こうした利点がある。

表意文字は、言語の音ではなく概念を、図像で表す。これまでの言語を変更しなくてもいいのです。ほかの言語（方言）が話せなくても筆談はできる。すごい工夫です。日本人は漢字を取り入れ、それを用いて、万葉仮名をつくりました。仮名をつくったのは、表音文字に執着があったからです。表音文字は便利である。そして表音文字を採用しても、日本語（の方言）相互の意思疎通に、問題がなかった。

ヨーロッパがそうであったように、多くの場合、文字は音を表すために生まれるのですが、中国はそういう考え方で文字をつくらなかった。代わりに、概念を文字にした。この漢字が成立するということと、中国が成立するということは、ほぼ同義でした。漢字で表す中国語は、文字からできた言語なのです。これは文化的統一、経済的統一を実現して、多民族が暮らすエリアを政治統一するための基礎を提供する、大事業だったと思います。この意味で秦の始皇帝は、人類史上の重要なキーパーソンのひとりです。

この大事業を、中国では「大一統」といいます。中国全体が、政治的・軍事的に統一されるという意味です。この概念は今でも立派に生きていて、中国共産党が存在する正当根拠は、まさにこれなのです。

中国では、政治が優位する

橋爪　ヨーロッパと中国は、このように並行する関係にあるが、いくつかの点で対照的です。

キリスト教文化圏では、宗教が第一で、次が哲学。政治はそのまた次ぐらいに位置します。日本は、おそらくビジネス（生産活動）が一番でしょう。宗教も哲学も、あまり地位を認められていない。

中国では、なんと言っても、政治が重要です。経済と比べても、政治がはるかに大事。政府の活動を重視する。政治は経済に介入できるし、介入するのは当然と考えられています。逆に、経済が政治に影響を与えることは嫌われています。

ヨーロッパもメソポタミアもインドも、もちろん中国も、古代から安全保障の意識が高かった。実際に、しょっちゅう、外敵が襲ってきた。外敵の最たるものは、ユーラシア大陸の広大なステップ地帯を根拠地とする遊牧民族です。遊牧民族が直接来なくても、彼らに追われた民族が、玉突き的に襲ってくる場合もあった。

中国では、襲撃を防ぐために、城壁をめぐらした都市国家をつくりました。その都市の外側には農地が広がり、灌漑農業が行なわれていました。ここまでは、世界共通。その都市の支配者は、農民を統治した。灌漑農業の生産性は高かったから、農業にたずさわらない余剰人口がうまれ、社会階層が分化した。職人、商人、軍人、王族貴族、役人といった人びとです。なかでも、軍人と官僚が台頭し、戦争マシーンのような都市国家連合をつくる。遊牧民もさることながら、他の都市国家連合が、脅威になります。森林の伐採と農地の開墾を進めつつ、ローカルな都市国家連合が抗争を続け、興亡を繰り返した。中国の戦国時代は、こうした状態だった。

こうした状況は、ユーラシア大陸の古代文明では普遍的な現象でした。中国の黄河文明は、世界標準の文明なのです。ちなみに日本は、都市国家がつくられていないので、世界標準とはいえません。

さて中国は、世界標準であるだけにとどまらなかった。そのうえを行く、中国独自の方策をとった。それが、万里の長城です。

これは、とんでもない規模のもので、渤海湾《ぼっかい》の付け根あたりから始まって、モンゴル草原の南側をつたい、トルファンあたり（玉門関）にいたる構築物です。月からも見えるという。

これには重税や賦役《ぶえき》負担など、膨大な農民の負担があったはずです。村ごとに人数の割り当てがあって、飯場に泊まり込んで、強制的に働かされた。いやいやながらも農民が従ったのは、この工事の目的が理解できたからだと思う。遊牧民が侵入したらどういうことになるか、農民は身にしみてわかっていた。万里の長城で、自分たちの村が守られるなら、それでいいと思うことができた。そのためには、工事を指揮して、守りを固める、強力な統一政権が必要です。中国の政治的統一が必要だということは、農民のコンセンサスなのです。

中国がここまで政治的統一を重視するのは、地形がだだっ広くてまっ平らだからです。物資の流通や人間の移動のコストが少ない。ということは、戦争がやりやすく、ヨーロッパのようないくつもの地方政権の均衡がむずかしいということです。そのため、多少の地域差があっても、統一政権をつくろうとする。統一政権が存在すれば、そのあいだは、戦争が防げる。CUが早い時期に成立したのには、こうした地政学的事情があった。

ちなみにヨーロッパは、アルプス山脈や地中海があって、物資の流通や移動が困難。戦争がやりにくいので、地方政権が均衡するのが常態となった。それでも、戦争をなるべく避けるため、キリスト教が役に立った。キリスト教は、言ってみれば情報ですから、移動のコストが少ない。地方政権が順番にキリスト教に改宗すれば、教会がクッションの役割を果たして、ひどい戦争を避けることができる。戦争に勝っても、相手を奴隷にできないから、戦争の誘因が少ない。だからヨーロッパでは、政治や軍事よりも宗教が優位する。こういう方策をとったのではないか。

中国では、強力な統一政権が、ヨーロッパのキリスト教の代わりをした。だから、政治の優先順位が高いのです。上は皇帝から下は田を耕す農民まで、安全保障の感覚が肌身にしみている。これが中国です。

日本人とは、ここがまったく違います。多くの日本人にとって、政府は税金を取るだけの、わずらわしい存在です。政府はなるべくおとなしくしていてほしい。いっそ政府などなければ、自分たちはムラで安穏に暮らせる。そう、日本の農民は思うわけです。

当然、民主化に対する意識も違います。日本人にとって民主化は、政府の暴走を食い止めるためのもの。自分たちの意見が通りやすくなり、うまくいけば税金も安くなる。それが民主化です。
でも中国人にしてみると、民主化によって政府の力が弱くなったり、国が分裂したりしたら、元も子もない。もちろん政府の暴走は困るし、民主化は望むでしょうが、その場合でも、国家が安定していれば、という条件がかならず付くのです。

クエスチョン2

孔子とはどのような人物か

聖人君子

橋爪　さて秦は、戦国時代を勝ち残り、初の統一国家となります。歴史区分でいうと、周の時代までは青銅器時代。これが、春秋戦国時代を経るうちに、鉄器時代に移行していきます。
青銅製の武器は、青銅が稀少で高価なため、ごくわずかな人びとにしか行き渡らなかった。青銅製の武器や防具で武装し、戦車に乗ったひと握りの人びとが、すべての政治的権力を独占し、農民はその枠外に置かれていました。

ところが、鉄製の武器が導入されると、この状況が大きく変わっていきます。鉄は、青銅よりずっと安価で、大量に供給でき、加工しやすい。農民にも武器を供給し、鉄製の農具を与えることもできる。耕地面積も、農業生産も拡大する。生産力が増えれば、人口も増える。そうなると、戦力としての農民の重要性がますます増す。こうして、新しい社会階層として農民たちが台頭してくるのです。

孔子（紀元前五五一？～前四七九年）はこうした武装農民階層の代表者です。

孔子の父親は、言い伝えによると、武装して戦場に出て不運にも戦死してしまった、ちょっとした指揮官みたいなひとだった。孔子は幼くして父を亡くし、苦労します。しかも、孔子の両親は正式に結婚していなかったともいい、大きなハンディを負っていた。孔子は才能のあるひとだったとは思いますが、恵まれない条件のもとで人生をスタートさせた。そんな孔子にとって、農民出身でも政府の仕事ができる行政官僚は、あこがれのポストだったでしょう。だから彼は、能力さえあれば、血筋・家柄と関係なく、行政に参画すべきだという強固な信念をもつようになった。ここに、儒学の本質があります。

儒学は、教育がすべてです。とにかく刻苦勉励して、持って生まれた個人の素質と才能を磨き、その能力が証明されたときに、行政官僚となって政府で活躍すべきだとする。言い換えれば、教育も、能力の証明もなしに、政府のポストについている王族や貴族や地主資産家や特権階級に対抗し、その行政担当能力を疑問視する、新興階層の革新的な思想なのです。

孔子の儒学の重要な概念に、「聖人」があります。

これは、カトリックの聖人とまったく違うものなので、混同しないように。

儒学にいう聖人は、「昔の政治家」の意味。政治のやり方を理想的に体現する、模範的人物です。ここに、儒学の発想がよくあらわれている。つまり、

①過去を基準にする。

②政治を重視する。

儒学では、価値の基準は過去にあります。現在にも、未来にもない。この点で、一神教と対照的です。一神教は、未来に「最後の審判」と「神の国」があると考え、そこから逆算して現在を考える、というロジックをもっている。

儒学が、過去を基準とし、伝統主義的なのは、それをになおうとする人びとが、これまで政治に参画した実績のない新興階層だからです。伝統に従って政治を行なう既存の支配層以上に、伝統に通暁《つうぎょう》していると主張して、対抗しようとした。過去を基

準にするのは、現在において戦略的優位に立つためなのです。

つぎに、政治。

政治とは、人間が人間を支配することです。神は登場しない。宗教は重視されない（むしろ警戒され、敵視されます）。哲学も、軍事も、芸術も重視されない。人間のパフォーマンスのうち、もっとも価値があるのは、政治だとする。

過去に、理想の政治があった。政府が設立され、政治家が人民を統治し、社会秩序と価値と道徳をうみ出した。その理想の過去を、現在によりよく再生産することが、儒学が実現すべきことなのです。

ここで、「君子」が登場する。

君子とはなにか。君子の反対概念は、小人《しょうじん》です。君子は、儒学の教えを実践する、「現在の知識人」のこと。それに対して小人は、統治されるだけの一般庶民。端的に言って、字の読めない人びとです。

中国は、漢字を採用したため、文字の数がとても多い。表音文字だと数十か、せいぜい百もあれば十分ですが、漢字はよく使うものだけで何千もある。概念をひとつひとつ文字にしたので、基礎概念の数だけ文字があるからです。この結果、文字の習得はいちじるしく困難になる。漢字を覚えて読み書きができるようになるまでに、初等教育で落ちこぼれる人びとが続出する。こうして伝統中国では、一般民衆の大多数は、文字が読めませんでした。ほんのひと握りの人びとが、漢字を覚え、儒学の聖典（聖人たちが、どういう政治を行なったかを記録したテキスト）をよく読んで、君子としての実力を身につける。そして、行政官僚を志望する。

「聖人君子」と、ひとくくりに言うでしょう。これは、儒学の考え方を典型的にあらわしたスローガンになっています。聖人は、昔の政治家。君子は、いまの知識人。「わたしはよく勉強して、昔の政治家がどうやって政治を行なったか、よくわかりました。ですから、わたしは血筋も家柄も身分もお金もないけれど、いますぐ行政官僚に採用して、政治をまかせてください」ということなのです。

儒学はこのように、政府の職員を養成し、供給することを、第一の目的にしている。ほとんど、学問（政治学）そのものです。これまでにみてきた宗教と、同じではない。

儒教のテキスト

橋爪　さて、孔子自身も、就職したいと考えて、いろいろ努力しましたがうまく行きませんでした。よその国ならうまく行くかもと、魯《ろ》の国を出て、就職運動をしに周辺の十数カ国を回っています。それもうまく行かず、失意のうちに郷里に戻って、学校をつくった。自分のことはあきらめて、後進に希望を託そうとした。

この学校をつくったことが、孔子の最大の業績です。おそらくは世界で最初の学校だった。

そして学校には教科書が必要なので、孔子は教科書を編纂した。それが、「経」です。仏教のテキストも経というが、もとはと言えば、儒学のテキストのことだった。経はもっともランクの高いテキストをいい、それ以下のものは、論という。孔子の言行をしるした論語は、重んじられているけれど、経よりランクの低い論です。

孔子は、述べてつくらず、と言った。古いテキストを集めて編集するだけで、自分の手を加えていない、と。儒学は、孔子の思想をのべるものではなくて、テキストを読解するメソッド。行政官僚を養成するシステムなのです。

孔子が始めた古典の編纂事業は、弟子たちに受け継がれて、今日に伝わる易経、詩経、書経、礼記、春秋がまとめられた。経は、数え方にもよりますが、全体を十三経といいます。これらは、過去の政治家が実際に行なった政治の記録だから、価値がありました。孔子はその編集者、注解者だった。

さらに言えば、そういう政治のやり方を、それまで政治に関わらなかった農民ら新興階層の人びとがテキストを通じて学んで、自分も政治に参与しようとしたところがきわめて革命的でした。たとえばヨーロッパでは、いくら高い教育を受けても、王や貴族にはなれません。身分制があったからです。ところが中国では、原理上は人民の誰にでも、統治階級に上昇する道が開かれた。画期的なことだったと思います。

行政官僚

橋爪　孔子の生きた時代は春秋時代末期ですから、諸侯がたくさんいて、争っていました。諸侯のもとには官僚機構ができていましたが、そのメンバーを、「臣」といいます。

じつはこの「臣」とは、男性の奴隷、という意味です。自由民ではない。中国の官僚機構の起源は、奴隷制なのです。

君主は最初、支配下の都市に、自分の子どもや兄弟、親族の成員を送って治めさせたりしていた。でも適任者が足りないなど、いろいろ具合がわるい。そこで奴隷のなかから有能な者を選んで、代官として派遣することにした。身分は奴隷ですから、君主には絶対服従。いっぽう派遣先では君主の代理として、大きな権力をふるう。官僚機構を構成するのに、都合がよい。

古代中国の都市は城壁に囲まれた、都市国家でした。都市国家がいくつも連合して、王国を形成する。もともと独立性の高い都市を、いかに結束の固い連合体に組織するかが、政治の課題になります。奴隷制を基礎にしたピラミッド型の官僚機構は、この課題にこたえるものでした。それにひきかえ、血縁や親族では、いろいろな配慮が働いて、厳格な官僚制をつくりにくい。いったん反目が生じると、すぐ分裂抗争になってしまう。

こうして登場した行政官僚は、身分は奴隷でも、大きな権力をもちます。支配される自由民よりも、むしろ社会的地位が高い。そこで、自由民のなかから、身分は奴隷になってもいいから自分も行政官僚になりたいと志願する人びとが出てきます。孔子の学校の背景となったのは、人びとのあいだのこうした行政官僚のポストへの就職熱でした。

就職のためには、能力証明が必要です。まず、漢字が読み書きできる。経書を読んでいて教養があり、行政手腕も身につけている。そうした能力を育てる学校をつくった孔子は文字通りの、社会イノベーターでした。

なぜ儒教が勝ち残ったのか

橋爪　さて、諸子百家といわれるように当時、さまざまな思想家がいました。なぜその中で、儒家が勝ち残り、正統としての地位を占めたのか。これは大きな疑問です。儒家が、自由主義的ではなかったことが、ひとつの要因だと私は考えています。

儒家は、政治的リーダー（君主）に対する絶対的な服従を強調します。これを強調すれば、社会秩序がつくりやすい。中国にいちばん必要な、政治的統一を実現する中央政府をつくりやすくなります。

しかしそれだけなら、諸子百家のひとつ、法家も同じことを言っている。法家は、統治権力の絶対性を強調する。統治権力はどのような命令を人民に下してもよく、法律は絶対です。法律は、君主（統治権力）からの人民に対する命令であり、厳罰主義でその徹底をはかります。

これに対して儒教は、徳（ないし仁）を、強調しました。法律がすべてではない。統治権力が命令しなくても、人民が自然に君主に従い秩序が保たれるのが理想。そこで、統治権力と独立したもうひとつの要素として、家族を重視します。年長者に従うことをすべての人びとに要求し、年長者に対する絶対服従を中核とする家族道徳を打ち立てた。

政治的リーダー（君主）に対する服従を、忠（あるいは義）という。年長者に対する服従を、孝という。この両方が大事だとします。そしてこの点が、法家よりもすぐれていた。なぜなら、家族道徳は、農業の基本だからです。中国の農業は、家族経営。農業は、命令に従うだけの奴隷制では、うまくいきません。農民の自発性を引き出す必要がある。骨身を惜しまぬ労働と工夫は、農民がまったく利己的に行動するのではなく、家族や子どものことを考えて利他的に行動するほうが、うまく引き出せる。

農業に従事するということは、厳しい重労働で、名誉も社会的地位も与えられないままひとに踏みつけにされて一生を送ることを意味します。それでも我慢できるのは、この農地を子どもに相続させることができると考えるから。この農地があれば、子どもも、そのまた子どもも、生きていくのに困らない。そして、先祖である自分を記憶し、祀《まつ》ってくれるだろう。そう考えられるから、はじめて人民は社会秩序を積極的に守ろうとする。その基本は、家族道徳なのです。

儒学は、このことをはっきり位置づけた点で、諸子百家のほかの思想よりも際立っていました。家族道徳と農業の家族経営は一体の関係にあり、それを重視する点が、儒家の非常に現実的なところです。

中国の社会構造の基本は、中央政府は官僚制、底辺のグループは宗族（父系血縁集団）という二層構造。この中国社会の骨格は、儒教がつくったものです。中華人民共和国も、この構造を踏襲している。その意味では、現在でも、中国の基本は儒教ですということは、中国共産党も儒教的システムなのです。

儒教と祖先崇拝

受講生　祖先崇拝は、儒教が宗教であることと関係がありますか。

橋爪　大事なポイントですね。

儒教は、なかみが政治学なのに、なぜあえて宗教といわれるかと言えば、祖先を崇拝して、祖先を基点に自分たちを定義する、という考え方があるからです。自分たちが立派なのはまず祖先が立派だから。その立派な祖先を祀っている自分たちは、よそのグループより立派なのだ、という自己意識を持ちます。そうやって人びとが、父系の血縁集団をつくって結束する。

この自己意識は、中国ではきわめて明解ですが、日本人にはありません。日本人は祖先を大事にするといっても、それはせいぜい自分の親や、祖父母どまりで、それより上の世代の、自分が知らない祖先に対しては、急に冷淡になります。中国ではそんなことはなく、むしろ上の世代の祖先のほうが、もっと偉い。と言っても、祖先は神ではありません。あくまでも祖先。お墓もあり、廟もあって、歴史的事実として尊敬されている。

祖先は死んでしまって、もういません。そこで、祖先がいた証拠（墓や位牌や廟）を手がかりに、祖先を崇拝する儀式を行なう。目にみえないものを、実在するかのごとくに行動するから、宗教だと言えるのです。

もうひとつ、儒教が宗教であると言えるのは、天を祀るからです。

皇帝にも、祖先はいます。でも皇帝の祖先は、さかのぼると初代の皇帝になり、彼は革命運動の指導者で立派だったかもしれないが、その前はもう皇帝ではない。皇帝の子孫だから皇帝、という論理は絶対のものではないのです。初代の皇帝は、田舎にいたやくざ者が手下を集めて頭目に収まり、戦乱を勝ち抜いて生き残った人物だったりする。そこで、それを超えたロジックがあると、政権を正統化するのにぐあいがいい。

そこで大切なのが、天です。天は、昔から存在し、歴代の政権に正統性を与えてきた。天を祀ることができるのは、皇帝だけですから、自分が政権を担当するにふさわしいことのパフォーマンスになる。そこで、この儀式をこれ見よがしに行なう。天は、目にみえない。天を祀る儀式は、目にみえる。儀式を行なうかぎり、天は存在することになる。このように、天を祀るのは、宗教的行為です。

天を祀るのも、祖先を祀るのも、宗教的行為。これをしっかり組み込んでいる儒教は、だから、宗教ということになるのです。でもその機能は、政治と教育なのです。

受講生　祖先崇拝ですから、中国人は自分が死んだら子孫から崇拝されると思って安心しているのでしょうか。

橋爪　もちろんそうです。

逆に言えば、子孫がいなくなったら大変、という強迫観念がある。特に、男の子がいないことは重大事ですね。

こうした背景を知るならば、はじめて「一人っ子政策」の大胆さが理解できると思います。だって、一人っ子では、五十％の確率で、男の子の跡取りができないんですから。これはほんとうに、政府の行政指導が強力だからできたことです。

クエスチョン3

孟子と革命の思想

橋爪　つぎは、孟子。

孟子（紀元前三七二？～前二八九年）は、孔子よりほんの少し後の世代の人です。

儒学では、「孔孟の道」といって、孔子と孟子をひとくくりにします。けれどもよく読むと、孟子は、政府と人民の関係について、いっそう突っ込んだ理解を示しています。

孔子は、どこの国であろうと、自分の才能が政府のアドバイザーとして活かされるならいい、という考え方ですから、政策パッケージを売り込むため、延べ十カ国ほどを遍歴しました。つまり、君主を取り替えている。ゆえに、君主に対する忠誠が絶対のものであるはずがない。これが、儒学のもともとの考え方です。

孟子は、「あるべき政府」「あるべき政策」について、具体的な提案をした。

孟子の考え方は、君主は人民のことを考えて政治を行なうべきで、人民は、君主がしっかりしているかぎり、政府に従うべきであるというもの。政府は、人民に対して、社会主義的サーヴィスを提供すべきであるともいう。孟子は、私有財産を否定し、人民も土地も国のものであるという、公地公民制を主張しました。政府は農民に、農地を提供する義務があり、農民はその土地を耕作して政府に税金を払う義務がある、という内容です。

具体的には、井田法《せいでんほう》というシステムを主張した。八軒の農家が単位となって、井の字で区切られた農地の周囲の八ブロックを耕作する。中央のブロックは共同で耕作し、その収穫を納税にあてるというものです。税率は九分の一ですから、重税とは言えない。農民優遇措置です。日本の班田収授法は、この孟子の考え方がもとになっています。

農民の義務と政府の任務とは、ペアになるべきだ。一種の、双務契約です。この点に、孟子の思想の本質があります。孟子は、このような国家社会主義的な提案で、奴隷制や私有地制に反対し、国家の機能を強化し安定させようと考えた。

孟子には、もうひとつ、重要な考え方があります。

農民と政府の関係が、双務契約のようなものだとすれば、政府が任務を果たさない場合にどうしたらいいか。その場合には、農民は、遠慮なく政府を打倒してよい、とした。世界最初の革命思想を唱えたのが、孟子です。

君主が立派に政治的能力を果たしているあいだはいい。そうではなくなった場合には、もはや君主ではなくて、暴君である。暴君であるなら、人民が立ち上がって、追い払うのは正しい。そして新しい君主を立てるのがよい、という学説をのべた。

これは、易姓革命論とか、湯武放伐論《とうぶほうばつ》とか呼ばれます。そして、儒教の正統な学説として認められた。

つまり、儒教は、クーデター、政権交代を是認しているわけです。それは、人民と政府の関係を、双務的なものと考えるからです。裏を返せば、もしもある国で、クーデターによる政権交代が一度も起こらず、政府がだらだら続いているとすれば、それは儒教的な原則からは説明できない。

いわゆる「万世一系」は、湯武放伐の反対ですから、儒教的考え方ではありません。四字熟語なので、儒教風にみえるけれども、騙されてはいけない。明治近代のいろいろな概念は、一見儒教風なものが多くありますが、いっていることは儒教と無関係な場合が多いのです。そこをはっきり識別する力を身につけましょう。

クエスチョン4

朱子学とはなにか

橋爪　江戸時代に日本人が学んだのは、朱子学でした。

朱子学と、孔子孟子の時代の儒学とはどこが違うか。

朱子学が起こった宋では、科挙の制度が完成し、皇帝を中心とする行政官僚制ができあがりました。政府はひとつ、君主もひとり。春秋戦国の、群雄割拠の時代とはまったく違います。朱子学と孔孟の道が違うのは、まずこの点です。

オリジナルな儒教は、たくさんの君主がいた場合に、誰にどうブレーンとして協力するかが問題でしたが、君主がひとりしかいなければ、誰に仕えるかは問題になりません。科挙の試験を受けて、現政権に仕える以外の選択肢はないのです。

そうならば、政治的リーダーに対する忠誠は、そのぶん絶対化されます。この、絶対的な服従義務があることを詳しく説明しているのが、朱子学のひとつ大事な点です。それは形而上学のように、宇宙の根本から説き起こされ、その宇宙の秩序を体現した知識人が、科挙を受けて行政官僚になり、政治に参画するのが正しい、という論理構成になっています。

朱子学の創始者、朱熹《しゅき》（一一三〇～一二〇〇年）はのべます。

「天には気というものがあって、気はすべての現象はもちろん、人間にも行き渡っている。だが、平等に行き渡るわけではない。ある人には気がたっぷり宿り、別の人にはうっすらとしか宿らない。なかでもよい気（正気）というものがあって、ふんだんに注がれている人がいる。勉強をすると頭が冴えて、経典を読むとよく理解できる。だから科挙を受けると合格してしまう。そういう成績のいい知識人は、天から正気を授かっているから、官僚となって政治を担う運命にある。」

こういうふうに、自らを正当化するのが、朱子学なのです。

受講生　江戸幕府はなぜ、これを官学として用いたのでしょうか。

橋爪　江戸時代の前は、戦国時代だったじゃないですか。それを家康が、統一した。そして、戦争を禁止した。武士は、戦争をしなくてよいから、行政官僚になりなさい、と命令した。

そんなことを急に言われても無理です。武士は、勉強なんかあまりしていなかった。そこで、せめて行政文書が読み書きできるように、朱子学を勉強させることにしたのです。朱子学は、行政官僚になるための受験勉強のテキストですから、ちょうどよい。

しかも、正統な統一政権はひとつしかなく、その君主に服従すべきという学説なので、江戸幕府のニーズに合っていた。

中国では、政府が命令しなくても、行政官僚になろうと人びとは自発的に勉強する。日本では、武士は勉強する前から、もう行政官僚なので、いまひとつ勉強に身が入らない。そこで、家を継げない次男三男や、出世の見込みがない下層の武士が特に、熱心に儒学を勉強した。江戸時代の名のある儒者は、だいたいそういう人たち。どこか変ですね。

また、学問がまるでだめな体育会系の武士もいるので、そういう人びとのために、武芸も奨励した。

受講生　科挙は身分制を否定するので、日本に入らなかったのでしょうか。

橋爪　中国では名門の行政官僚の家でも、子どもたちが誰も科挙に合格しないと没落します。唐代までは貴族や地主もいたが、科挙のおかげで消滅してしまった。科挙は、皇帝以外の地位が世襲されることを禁止し、君主に対抗する力のある勢力が育たないようにする点に主眼があります。しかも、誰にでも行政官僚になる細いパイプが開かれているので、ガス抜きにもなる。

日本の場合、武家は世襲で、江戸幕府は士農工商の身分制をとっていた。世襲は、能力証明が必要ない。いっぽう科挙は、能力証明そのもの。科挙は幕藩体制と真っ向から対立する原理ですから、採用できるはずがなかったのです。

クエスチョン5

中国仏教とはなにか

仏教の中国的展開

橋爪　中国に伝わった仏教は、中国で独自の発展をとげました。日本に伝わったのは、中国の仏教です。そこで、中国の仏教についてもみておきましょう。

仏教で大事なのは、人です。人が「覚る」ことが大事で、そこに価値がある。それ以外のことには、価値がない。政治も、経済も、価値がない。つまり仏教の考え方は、ほとんど哲学です。

この考え方が、インドから中国に入ってきた。

インドと中国の間にはヒマラヤ山脈がそびえていて、日常的に接触するわけにはいかない。でもたまには、接触する。接触してみて中国人は、インド人に憧れました。インド人の華麗な抽象的思考能力に、かなわないと思った。それならその思考の産物を取り入れよう。仏教を取り入れたのは、そうした理由だと思います。

仏教は、中国になくてインドにある素晴らしいもの、と認識された。なかでも死生観や宇宙観を追究する哲学的・抽象的思考は、実利的な思考が強い中国では、あまり見られないものです。ひとは誰しも、自分にないものに憧れる。

ただ、素晴らしくはあったものの、仏教は、儒教になれ親しんでいる中国人にとって、いくつか都合の悪い点があった。

まず、インドには、祖先崇拝がありません。輪廻思想によれば、祖先はカエルや昆虫になって、その辺で自然のなかを生きている。これでは、崇拝のしようがない。中国人にとってとても大切な、血縁集団の核になる、祖先崇拝の考え方が仏教にないのです。でもこれは、まあいい。ないだけであれば、矛盾ではない。

もっと都合が悪いのは、出家して修行する、という考え方でした。

出家とは、家を捨てることです。家には親がいます。妻も子どももいます。その親を捨てよ、家族を捨てよと仏教はいう。いっぽう儒教では、親をうやまえといっている。出家は最大の親不孝です。これでは、仏教の教えは、中国社会とまっこうから対立することになります。

それに、出家すれば、経済活動にも政治活動にも従事できません。経済はともかく、政治に参与しないことは、中国の支配層にとっては大問題です。おまけに出家したあとは、托鉢僧となって、乞食のように街頭を歩き回るという。これは中国では、社会の最底辺の人びとがすることとです。ちなみにインドでは、バラモンというインド社会で最高カーストの人びとが、人びとの尊敬を集めつつ托鉢を行なうのでした。出家修行と中国的価値観とは、矛盾、対立もはなはだしい。

出家も乞食も、中国人にはとても受け入れがたいのですが、でも、仏教の言っていることは、素晴らしいことに間違いありません。仏教に夢中になる若者も多い。

そこで、実利的な中国の人びとが考えたのが、「いいとこ取り」でした。

仏教を、学問として勉強するのはよろしい。でも、出家と乞食は禁止する。どうしても出家したいひとは、政府の許可をとりなさい、というかたちで解決をはかった。出家は許可制となり、僧侶は国家公務員になった。国家公務員には、給与が支給されるので、乞食はしなくてもいいことになります。

こうして中国では、仏教は国家仏教となり、僧侶は、行政官僚とそっくりの官僚組織に統合された。これを、僧綱《そうごう》制といいます。

中国で国家公務員は、社会的地位が高いので、親も喜びます。出家は、親不孝でなく、親孝行になりました。そこで、子どもが二人いたら、一人は科挙を受験して、行政官僚となる。もう一人の息子は出家して僧侶となる。行政官僚の息子は親が生きているあいだの孝行をし、僧侶の息子は親の極楽往生を願って死後の孝行をする、みたいなパターンもできあがった。

でもこれは、インドの経典にはまったく書いてない、珍妙なやり方です。でも、書いてなければ、経典をつくればいいということで、経典の偽造が行なわれました。これを「偽経」というのですが、サンスクリットからの翻訳を装って、中国で経典を量産した。漢訳仏典のおよそ三分の一は、偽経だと言われているほどです。

これが中国仏教です。

中国経由で日本が取り入れた仏教もこれですから、奈良時代に僧侶は国家公務員になりました。出家は許可制で、政府の許可なく僧侶になった者を、「私度僧《しどそう》」といって取り締まった。しかし仏教の原則に立つなら、本来、出家するかどうかは個々人の問題で、周囲や政府がとやかく言うことではない。そうした自発的出家者の集まりが、サンガ（僧伽）です。つまり、私度僧という観念自体が転倒しているわけですが、そういうことは気にしないのが中国仏教。そして、日本仏教なのでした。

禅宗

橋爪　さて、中国で、仏教が国営仏教になると、政府の財政負担になります。すると、政権交代の際には「仕分け」の対象となってしまいます。結局、中国の仏教は、これで全滅してしまった。

たったひとつ残ったのが、禅宗です。

禅宗は、中国で生まれた仏教で、国家財政のリストラを生き残ることができた。どうしてかというと、独立採算で、経済的に自立していたからです。

禅宗は、中国的で、特殊な仏教です。

まず禅宗は、仏教の戒律を無視して従いません。出家修行とは、釈尊の定めた戒律（具足戒《ぐそくかい》）に従って修行するものですが、そして、中国に伝わった禅宗以外の大乗仏教はおおむね具足戒に従っていますが、禅宗だけは独特な論理に従って、戒律を守らなくていいことにしました。

それは、つぎのような理屈です。

インド人の菩提達磨《ぼだいだるま》という僧がいた。このひとが、海路はるばるインドからやってきて中国南部に上陸し、禅宗を伝えた。

菩提達磨は言います。

「釈尊は経典を残したかもしれないが、じつは、いちばん大事な修行法は経典に書いていない。それは代々、弟子から弟子に受け継がれた。それが、私の伝える『座禅』である。だから経典を読むのはほどほどにして、私の指導する座禅で修行しなさい。ついでに戒律もなかったことにする。私の定めるルールに従って修行すればよいのだ。」

というわけで、戒律はなしになってしまった。でも、まったくルールがないと、修行ができないので、禅宗は修行のルールを自分で決めます。禅宗が自分で決めた修行のルールを、清規《しんぎ》と言います。

禅宗には、文字テキストを超えたところに真理があるとする、「不立文字《ふりゅうもんじ》」の考え方があります。そこで、大乗仏教の経典に書いてあることと、禅宗のやり方が食い違ったり矛盾したりしても、気にしないで、禅宗のやり方を優先させる。修行の本質は、文字によらないパフォーマンスにあると考えるからです。

ふつうの具足戒と、禅宗の修行ルールとは、どこが違うか。

具足戒は、出家者が、世俗の活動（農業、商業、サーヴィス業、……）に従事することを禁止している。地面を掘ったり水をまいたり、貨幣に触ったりすることはできない。それに対して、禅宗の修行ルールは、自給自足のための生産活動を行なうことが、修行であるとする。畑を耕したり、味噌や醤油や豆腐をつくったり、建築や手工業に従事したりすることが、奨励される。労働・即・修行。労働そのものに価値がある。まことに画期的な考え方です。

このやり方は、日本人の感性にとても合っていました。日本人は自分が従うルールを、自分の所属する集団で決めた場合、非常に安心します。企業や中央省庁、学校などでもそうです。そして集団の都合で、ルールはどんどん変化する。仏教でも、統一ルールではなく、宗派やお寺でルールを決めてしまいます。こういうことが認められるなら、もう戒律はないも同然。ということで、日本の仏教ではどんどん戒律がなくなっていったのです。

浄土宗

橋爪　つぎに、浄土宗はどう発展して行ったか。

浄土教は、インドで発達した考え方ですが、釈迦仏の代わりに阿弥陀仏だけを信仰するという、仏教としては異例の信仰です。阿弥陀仏だけを信仰するのでは、釈迦と無関係になってしまいそうですが、それでも仏教の枠内にあるのは、釈迦仏が「阿弥陀仏という貴い仏陀が西方浄土に住している」という経典を説いたことになっているからです。

浄土経典のなかみは、つぎのようなものです。

その昔、法蔵菩薩という修行者がいた。彼は、願をかけて、成仏したあかつきには極楽という仏国土を開き、インドの衆生をまねき寄せる。そしてその全員が、もう一回生まれ変われば仏になるレヴェルにまで、修行のレヴェルを引き上げる、と誓った。その誓願が果たされて、法蔵菩薩は阿弥陀仏となった。だから阿弥陀仏のスーパーパワーが働けば、インドの衆生は輪廻の法則から解き放たれ、極楽に往生することができる。極楽往生できれば、阿弥陀仏の特別講義を受けて仏の境地にぐんと近づくから、極楽で死んだあともう一回生まれ変われば、必ず成仏できる。

このように、極楽に往生することは目的ではなく、成仏するための手段です。仏教である以上は、成仏のほかに目的はない。ただ、当初はそういう話だったのが、次第にそれは忘れられ、阿弥陀仏に救済されて極楽に往生することが目的のようになってしまう。

これが浄土宗です。

浄土宗は、中国でも支持を集めましたが、日本ではなお流行しました。そこから、浄土真宗も派生しています。そして現在、最も信者が多い宗派となっています。

天台宗

橋爪　天台宗は、禅宗と並ぶ、中国独特の宗派です。

中国にはインドから、つぎつぎとさまざまな経典が到来しました。これらの経典は、インドでは別々のグループが伝えていた。ところが中国では、そういう事情が伝わらないで、どれもありがたい釈尊の教えだとして、伝えられた。それを順番に翻訳すればするほど、内容があまりにばらばらであるために、釈尊の真意はいったいどこにあるのかという疑問が生じてきた。

大乗経典は、釈尊が亡くなってから五百年以上経過して、さまざまな大乗教のグループが創作したというのが、今日の仏教学の教えるところです。その意味で、仏説（釈尊が説いた教え）ではない。また、それ以前のいわゆる小乗の経典にしても、後世の手が加わっていて、釈尊の説いたそのままではないのです。けれども、信仰の立場からは、すべての経典が仏説だと信じられたから、それらを統一的に解釈する必要があるのです。

どうやって解釈するか。

釈尊がその真意をのべた重要な経典と、それに比べると重要性の低い並みの経典とがある、などと経典に重みをつける。こうして重要経典の数をしぼったうえで、それらを整合的に解釈するやり方を考える。

このように経典の重要度を判別することを、教相判釈《きょうそうはんじゃく》(略して、教判)といいます。中国では、さまざまな学僧によって、さまざまな教判が提案されました。

日本に最も影響を与えたのは、天台宗の五時教判です。これは、さまざまな経典の内容の違いを、それが説かれた時期の違い、聴衆の理解度の違いとして解釈する。開祖・天台智顗《ちぎ》(五三八~五九七年)がのべた説で、天台宗はこの説に依拠します。

その内容はつぎのようなものです。

「釈迦が最初に覚りを開いた直後、感動の収まらぬうちに説いたのが、華厳経《けごん》。これは学位を取ったばかりの若手研究者の講義みたいで、レヴェルは高いがわかりにくかった。聴衆に理解されない。そこでそれを反省して、つぎにわかりやすく説いたのが、阿含経《あごん》です。そのつぎには、ややレベルアップした維摩経《ゆいま》や勝鬘経《しょうまん》を説き、さらに般若経という大乗教の基本となる経典を説きました。そして入滅しようという間際に、最も価値のある法華経を説いた。」

この考え方は、最澄によって日本に伝えられます。そして、日本仏教の基軸になりました。日本仏教の大枠は、ここから外れていません。浄土宗、浄土真宗も比叡山で修行した法然、親鸞が説いたもの。日蓮も、比叡山で学んでいる。このように、主要な宗派はすべて天台宗から分岐しています。

第六講義

日本人と宗教

カミと人間は対等の関係

クエスチョン1

神道とはどのような考え方か

漢意とやまとごころ

橋爪　最後に、日本の宗教について考えてみましょう。

日本の宗教といえば、神道です。

国学の中心人物とされている本居宣長（一七三〇～一八〇一年）が、『古事記伝』という本を書いています。宣長まで、古事記はあまり重要なテキストとみなされていなかった。むしろ日本書紀のほうが価値が高いとされていた。ですから、古事記に注目したところが、まず宣長のオリジナルな視点だった。

その宣長が『古事記伝』の序文で、面白い議論をしています。

カミ（神のこと）とはなにか。カミはとても古い言葉で、万葉仮名では「迦微」と書きます。でも漢字が日本に伝わる前から、カミという言葉はありました。漢字が伝わる前からカミという観念があり、カミを祀る神道があったことになります。

そこへ、「神」という漢字が入ってきた。「神」は中国語の文字ですから、当然、中国での意味がいろいろあります。その漢字を、意味が似ているからという理由で、カミに当てることにした。だから「神」をカミと読みますが、このことに騙されてはいけない。漢字にくっついているさまざまな意味や含意をふり払って、カミの観念を考察すべきなのです。

宣長は、この課題を強く意識していました。「漢意《からごころ》」というのは、漢字のもたらした意味や、それにつきまとう観念をいいます。漢字が伝わったとは、単に文字が入ってきたのではなく、文字の意味も入ってきたということである。なぜなら漢字は、表意文字だからです。

この点は大事なので、再度確認しておくと、アルファベットのような表音文字の場合、文字は音を表すだけなので、文字を借用してもそれで言語は本質的に変化しない。ほかの言語の語彙が借用されることもありますが、それは文字とは別のことです。

それに対して、漢字のような表意文字の場合、文字とともに概念も伝えられるのがふつうです。文字が伝わるとともに、言語も変化せざるをえない。日本語だけでなく、韓国語やベトナム語で、こういう現象が起こっている。このような変化は、漢字圏に特有で、宣長はそのことに大変自覚的だったのです。

漢字の表意の機能を外して、単に音の表記として使ったのが、万葉仮名です。ここからカナという日本独自の表音文字が生み出されました。しかしそれで、漢字が駆逐されたわけではなく、漢字カナ混じり文という日本語表記のスタイルが育っていく。漢字は音読みされることで、日本語の不可欠な部分に組み込まれた。名詞はもちろん、動詞、形容詞にもなった。ということは、日本語の中核的な部分に、中国語の概念システムが移植されているということです。

これは、角度を変えると、日本人の思考スタイルのなかに、儒教・仏教・道教の考え方が入りこんでいるということです。いわばハイブリッドです。それがずっと続いてきたのですから、日本人が神道はこういうものだと頭で考えていても、そのどこからどこまでが中国の考え方なのか、わからなくなってしまっている。

宣長は、学問的キャリアを源氏物語の研究から始めたのですが、中世から近世にかけて書かれた注釈は、仏教や儒教の考え方で源氏物語を裁断するもので、作品の文学的価値を作品に内在して取り出すという合理的な批評の方法からかけ離れていることを、身にしみてわかっていました。日本人は、こういう屈折した文化的な経験を積んできたのです。

そこで宣長が提案したのは、日本の文化的価値を「純化」して取り出すことです。

宣長は、中国由来の要素を確定し、引き算をすることができれば、その残差こそがもとからあった「日本的なもの（やまとごころ）」ではないかと考え、この作業を進めました。それが国学です。この引き算によって、漢字が伝わる以前の意味体系、思想体系、行為・倫理・規範の体系が現れる。それが日本の本来のアイデンティティである、と考えることができます。

カミとはなにか

橋爪　ふつう、神と書いて、「かみ」と読みます。でもこれでは、中国由来の意味なのか日本独自の意味なのか、わからない。そこであえて、まず「迦微」と書くことにした。「神」とは違って、漢字が伝わる以前の、日本古来の意味をさす。ただ、万葉仮名はややこしいので、以下代わりに、カミと書くことにします。

では、カミとは何でしょう。宣長『古事記伝』の序によると、「神社に祀ってあるものがカミなのはもちろん、人間は言うに及ばず、鳥、獣、草、木、そのほか何であれ、通常でなく、特別であるものをすべてカミというのである。特別であるとは、よい面で特別なものだけではない。悪い面で特別なものも、やはりカミなのである。」

とされています。

結論は、カミにはこれといった実体がない。それは、人間に、特別な影響を与えるもののことである。いわゆる神さまもカミですが、人間であっても、動物であっても、植物であっても、鉱物であっても、自然現象であっても、とにかく通常でない、特別な作用をおよぼすものを、カミという。これがもともとの、日本人の考え方だと宣長は言います。

そうすると日本人には、カミと人間の区別はないので、人間がカミになる、あるいはカミが人間になるということも可能です。動物だって、カミになるかもしれない。そう思って注意すると、キツネやヘビや、いろいろな神さまがいます。植物だって、カミになってもおかしくない。木もカミ。石ころもカミ。山も川も、海もカミ。太陽も月もカミ。台風も疫病も、雷も、みなカミなのです。

このように日本は、カミさまだらけ。どうしてかというと、カミとは、自然現象のことだからです。

そこへ仏教が入ってきた。仏教は、寺院建築をそなえていて、金堂や釈迦堂を建て、仏像を祀ります。それならカミにも、建物が必要ではないか。山のカミなら、山の前に建物（神社）を建てて拝む。本体は、うしろの山です。こういうものが、あちこちにできていく。出雲大社のように、カミのために特別な建物を建てる例は、それなりに古くからありましたが、仏教が伝わってからは、寺院と神社がパラレルな存在として、とらえられるようになっていく。

パラレルとはどういう意味か。神社はもともと、カミを拝む場所。拝む場所だから、神社はからっぽで、そこにはカミはいない。この点、モスクと似ています。ところが、しばらくするうちに、神社にカミがいるかのように、信じられるようになった。カミがやってくる場所として、依代《よりしろ》（鏡など）が置かれるようになり、それが「神体」とみなされていく。

その結果、神社にカミが幽閉されたかたちになります。本来は自然現象で、自然の中でのびのびしていたものが、建物の中に人間の都合で閉じ込められ、窮屈このうえない。そこでダンス（神楽）を見せたり、格闘技（相撲）を見せたり、カミが退屈しないようにする。たまには、リムジン（神輿）に乗って、近所に散歩に出たりする。これが、お祭りです。

お祭りの大事な点は、カミと人間が一緒に食事をすること。このときには、人間が食べるものをカミも食べます。ごちそうをつくって、供応する。いっしょに食事をすれば、仲良くなる。日本のお祭りの本質は、カミと人間が仲良くすることなのです。

カミと存在

橋爪　日本神話では、イザナギとイザナミが下界の海を棒でかき回し、そのしずくで日本列島ができたことになっています。この「国生み神話」と一神教の天地創造の神話とは、同じか違うか。

一神教（ユダヤ教、キリスト教、イスラム教）では、Ｇｏｄが創造したことで、存在が始まります。その前は、無です。Ｇｏｄのほか、なにも存在しなかった。すべては、Ｇｏｄが創造したものだからです。無から存在が造られた。被造物は、Ｇｏｄから存在をわけてもらったわけではない。被造物はＧｏｄと、共通点をもっていない。

一神教の創造の本質は、神の命令です。「光、あれ」と命令したら、光があった。神がこうあれと思って命令すると、それが存在するようになる。日本人の感覚では、この造るという行為は、人工的な行為で、自然とは思えない。それは日本人が、山や川や自然は、誰かが手をかけて造ったのではなく、昔から「自然に」あったとしか考えないからです。

一神教では、山や川は、すべて神が製造したものです。したがって自然は、日本人の感覚でいう人工物だということになる。自然が人工物なら、人間も人工物です。人間が被造物だとは、そういう意味です。

いっぽう日本人には、人間が誰かに「造られた」という感覚がありません。自分は「自然に生まれた」と思っている。自然に生まれたのなら被造物ではない。造られたのではない。そこで、カミと人間の関係を端的に言えば、「生む／生まれる」です。カミは、自然をうみ、植物・動物をうみ、人間をうんだ。「生む」とは、自然現象であって、創造とは違います。ここが大事なポイントです。日本人は、世界は自然に生まれたと思い、確信している人びとなのです。

「生む」ことの本質は、コピーです。コピー。元と同じものが、もうひとつできる。親のコピーが子どもです。コピーであるからには、存在として同格です。親と子は似ているでしょう。生まれたばかりでは、子どもは小さくて親に依存しているが、やがて成長して親と同じようになる。親はだんだん年老いて、子どもより弱くなるかもしれない。親子の力関係は、状況によって変化するのです。

人間がカミのコピーであるなら、人間とカミは、親子の関係にある。血がつながっている。カミと人間は、本質的に同じであって、存在として対等だということになります。カミが人間を生んだ、と考えた人びとのメンタリティは、そこに帰着します。

カミを一神教のＧｏｄのように、偉いと思うことはできない。一神教のＧｏｄと人間の関係では、人間が年をとろうと成長しようと、ＧｏｄはＧｏｄ、人間は人間で、Ｇｏｄが人間を絶対的に支配するという関係は決して崩れません。ところが、日本のカミは、自然現象としての宿命を免れないので、死んでしまったりする。この点、人間と同じなのです。このほか、カミは人間と同様、さまざまな弱点をもっています。

神道の、すべての存在者は何かから生まれた、とする考え方を、仏教と比べてみましょう。

仏教は、生き物の存在を、「生む／生まれる」ではなく、因果律（輪廻の法則）でとらえます。たとえば、クシャトリア階級の誰それは、親がクシャトリア階級だから生まれたらクシャトリア階級なのですが、その事実を親によって説明しません。その当人の、前世の行ないによって説明する。そこに因果律が働いて、この世界にクシャトリアの一員としてふたたび生命をえた、と考えるのです。

輪廻の法則は、人間が親から生まれる事実を無視しているに等しい。いっぽう日本人は、人間が親から生まれる事実を無視せず、親から生まれたので存在しているとしか思いません。親から生まれたから、いま自分はここにいる。そう考える人びとは、神道を信じているということになる。日本人にとって自然なこの考え方は、一神教とも、仏教とも対照的で、神道にそくした考え方だと言えるのです。

仏教は、世界を因果律（輪廻の法則）が支配していると考える。そこには、責任者がいません。一神教の場合には、Godは自分が造ったこの世界に対して、責任と支配権をもっています。世界はすべて、Godの所有物であり、Godのコントロール下にあると考えます。地震も津波も、Godの承認をへて起こっているのです。

いっぽう神道では、この世界は言うなれば、多くのカミと人間との共同作業によって支えられている。人間にも出番があり、人間にも責任があるのです。

受講生　全知全能のGodが、地震や津波を起こすのは、人間をいじめているとしか思えないのですが。

橋爪　人間に不都合な地震や津波を起こすGodは、人間を愛していないのではないか。そんなGodを信じる理由がどこにあるのか。大事なポイントですね。こんなふうについ感じてしまう日本人は、キリスト教徒に向かないかもしれない。

これについては、一神教なりのロジックが用意されているのです。Godはもともと、人間にどんな不都合な事態も起こす権利がある。だから、ある場所で地震や津波が起こったら、ほかの場所で地震と津波が来なかったことは恩恵だと思って、感謝しなくてはいけない。被害に遭った人びとは不運だと思ってはいけない。当然だと思い、試練だと思って頑張りなさい。こう考えます。

神道の考えでは、自然現象の背後にはカミがいます。地震なら、たとえばナマズだったりする。地震は、カミの機嫌が悪かったということになるので、ナマズのカミの怒りをしずめるためにお祭りをする。酒や料理を提供し、プレゼントをして、相手の機嫌をよくしようとする。人間同士のやり方を、カミにもあてはめているのです。

クエスチョン2

神仏習合とはどのような考え方か

橋爪　さて、神道の国に仏教が入ってきて、お寺もたくさんできました。

これは、当時の人びとの感覚としては、ほとんどテーマパークです。まだ竪穴式住居に住んでいる人びともいるところに、瓦屋根に朱塗りの柱、壁は真っ白、床はタイル貼り、机と椅子で生活し、スプーンを使って食事をする、異文化そのものの世界が現れた。完全に別世界です。

仏教は、当時の先進思想で、インド起源の抽象哲学。あまりにもギャップがありすぎますから、日本人も仏教関係者もお互いに居心地が悪い。とくに、それまでカミを信じていた日本人は、仏をどう考えたらいいのかわからない。

そこで、なんとかカミと仏を調和させる工夫がうまれます。

最初の工夫は、「カミが出家して仏教徒になる」というものだった。神社の縁起絵巻などを見ると、「最近、仏教というのが中国から来た。聞けば大変いいものだそうだ。それを知らないのはとても残念だから、法華経を勉強して、できれば仏になりたい。」などと書いてある。そして神社の境内に、釈迦堂や阿弥陀堂が建てられる。カミが仏教徒になるなら、神道と仏教は矛盾しないことになります。僧形神像といって、袈裟《けさ》を着たカミの像がつくられるのもこのころです。

もっと進んだ工夫は、本地垂迹《ほんじすいじゃく》説です。

本地というのは、インドのこと。垂迹は、移動すること。インドにいた仏や菩薩が大挙、日本にやってきて、カミガミになったという学説です。大日如来が天照大神になった、などと一対一の対応がつけられます。経典のどこかにそんなことが書いてあるかというと、どこにも書いてない。だから「説」なのですが、日本人にはよほど都合がよかったとみえて、またたく間に広まり、通説となります。

結論は、「仏＝カミ」。仏がカミなら、仏を拝めばカミを拝んだことになり、カミを拝めば仏を拝んだことになるので、仏教と神道を区別する必要がありません。ならば、仏教と神道は同じものになります。いわゆる神仏習合です。
これが日本人の常識となり、平安末から江戸時代まで、日本人は神道と仏教を分けて考えてきませんでした。

受講生 それは、仏教の根本にある輪廻の考え方とは相容れないと思いますが……。

橋爪 相容れない。だから日本人は、輪廻をまともに信じたことが一度もないのです。輪廻の考え方は、経典にはっきり書いてあるのに、日本人の頭には入らなくて、どこかに行ってしまった。

この「仏＝カミ」は、あまりにも強引な説なので、ほかにも矛盾だらけです。
日本のカミは、日本ができた最初からずっと日本にいたはずなのに、釈尊がインドに現れたのは紀元前五世紀ごろ。日本のカミのほうが古いのではないか。そこで、逆に日本のカミがインドに移って仏や菩薩になったという、反本地垂迹説も唱えられました。

もうひとつ、大きな食い違いは、輪廻の範囲。
インドの考え方では、輪廻するのは「有情」といって、天人〜人間〜動物、の範囲内の生命です。ところが日本のカミは、植物や無生物（山や川や石など）も含むので、範囲がずっと広い。そこに「カミ＝仏」という等式を無理やり持ち込むと、植物や無生物（山や川や石など）も、仏ということになってしまう。「山川草木悉有仏性《さんせんそうもくしつうぶっしょう》」「山川草木悉皆成仏《さんせんそうもくしっかいじょうぶつ》」が日本仏教のスローガンになるのですが、要するにこれは、自然崇拝です。自然はみな仏性を持っている、自然はみな仏。ですが、当然こんな考え方は、仏教から大きく逸脱しています。本来、山や岩や植物は輪廻しないのですから。

この考え方と通底するのが、天台本覚論です。

本覚とは、ほんとうは覚っている、という意味。人びとがなぜ苦しい修行を続けられるかというと、誰にでも仏性（仏となる性質）がそなわっていて、内なる仏の力に導かれて修行を続けているから。いずれ仏となることが決まっていてそのコースから外れないなら、人びとはみなそのままで仏だと考えてもよい。みな成仏する、あるいは、もう成仏している、と考えるのです。成仏しているなら、修行するかどうかは本質的でないことになります。

これも、やはり本来の仏教からは、そうとう逸脱しています。

もともと仏教とは、インドの偉い人間がたまたまそういう状態（覚り）になるという話だったのに、日本に伝わると、動物はおろか山も川もすべてが仏だ、したがってそれぞれがみな完璧だということになってしまうのです。結局、この本覚思想は修行の否定につながり、日本仏教が堕落していく起点になったとも言われています。

クエスチョン3 日蓮宗とはどのような考え方か

橋爪 さきほどお話ししたように、最澄（七六七〜八二二年）が中国からもたらした天台宗には、教相判釈というテキストのランキングがあり、そのランキングの最上位が法華経でした。ランキングですから、二番、三番、四番……もあり、それらもそれなりに大事な経典だから、それなりに学ぶべきであるとしています。

そこに登場したのが、日蓮（一二二二〜八二年）です。日蓮は、房総半島の安房小湊《あわこみなと》の漁師の息子に生まれ、幼い頃から頭脳優秀でした。地元の清澄山というお寺に学び、天台宗の総本山延暦寺にのぼって、そこで天台教学を学びます。日蓮が知りたかったのは、数あるうちのどの経典が、釈尊の真意をのべているかでした。それをめぐって考え抜き、悩み苦しみ、ついに、つぎの結論に達します。

法華経は、最上の経典である。そのなかに、すべての経典の内容が含まれている。それなら、「法華経は大事だが、ほかの経典も読みましょう。」じゃなくて、「法華経が大事だから、ほかの経典は読まなくていい。」でなければならない。天台智顗の学説を徹底して、法華経だけを絶対視する「法華専持」を唱えたのです。

法華経以外の経典を「読まなくていい」とのべた段階で、天台宗とは分かれてしまいます。法華経だけを絶対視する法華専持は、テキスト原理主義、法華経原理主義です。法華経を極端に重視するというやり方は、自ずとほかの宗派とのあいだに深刻な対立をうみます。日蓮は、律宗や浄土宗、真言宗などを、仏教のあり方として間違っている、と激しく攻撃しました。

これは仏教としては、めずらしい態度です。仏教は、個々の出家修行者が自由にものを考えるという宗教で、それを別の誰かから咎められない。経典も、好きなものを好きなように読めばよい。どの経典がいいと思っても、それはあくまでも個人の意見で、ひとに押しつけるものではありません。こういう原則とルールでやってきた仏教であるのに、日蓮はまったく異なる、原理主義的な態度をとった。日蓮宗の誕生です。

仏教のなかからなぜ、またどのようにして、一神教の場合のような「原理主義」が出てきたのか。これは、説明を要する現象です。

日蓮は、法華経が最上の経典であることについて、強い宗教的確信をもっていました。そして、日本国が法華経を尊重し、法華経を中心に国家を運営すれば、政治も軍事も経済も、すべてうまく行くと説きました。このように主張する『立正安国論』を著し、もしも法華経を尊重しないなら、外国が攻めてくるに違いない、とものべたのです。すると、まもなく本当に、モンゴルの軍勢が攻めてきたので（元寇）、日蓮の宗教的カリスマは一挙に高まり、無視できない存在となりました。

バビロン捕囚（紀元前五八六～前五三八年）のころ、イザヤ、エレミヤ、エゼキエルといった旧約聖書の預言者が現れた。彼らは、外国が攻めてくること、それが信仰の間違いに起因すること、を警告し、正しい信仰によって故国が救われると説きました。この点、日蓮は似ています。日本の歴史上、とても珍しいタイプの宗教リーダーです。そのため強い印象を日本人に残し、日蓮宗の宗祖として尊敬されています。

さて、日蓮宗は、法華経を絶対視するので、信徒はぜひこれを読むべきなのですが、残念なことに、当時は字の読めない人びとが多かった。そこで、信仰をもって、「南無妙法蓮華経」と題目を唱える。題目とは、経の名前です。経の題名を唱えるだけで、その経を読んだのと同じ効果があるという考え方をとった。これも日蓮宗が発明しました。

これは、たとえて言うなら、字が読めなくても「聖書、聖書、聖書、聖書、……」と唱えると、聖書を読んだのと同じ効果があるというのと同じです。「コーラン、コーラン、コーラン、……」と唱えると、コーランを読んだのと同じ効果があるというのと同じ、と言ってもよい。おかしいでしょう。なぜ一神教の場合におかしいことが、仏教ではおかしくないのか。それは、仏教は、覚るために、経を読むことを絶対の条件として要求していないからです。経を読まなくても、覚ることができる。

受講生　すると、浄土宗の「南無阿弥陀仏」は、日蓮宗を真似したのですか。

橋爪　浄土宗の「南無阿弥陀仏」の念仏が先で、日蓮宗が真似したのだと思う。もともと「南無阿弥陀仏」は、中国から入ってきたもので、平安末から鎌倉時代にかけて日本でも大流行します。天台宗の本覚思想は、浄土宗の流行にも影響されたかもしれない。日蓮の行動は、こうした浄土宗や天台宗の動きに関係があるのです。

ついでに日蓮宗から分かれた、日蓮正宗についても、補足しておきましょう。

日蓮正宗は、日蓮の弟子の一人、日興（一二四六～一三三三年）が開祖です。そのポイントは、日蓮を「釈迦仏の再来」と考え、日蓮本人を釈尊と同格のブッダと考えることです。すると、日蓮はブッダなのですから、拝むことができる。いっぽうの日蓮宗は、日蓮を僧侶（法華経の行者）だとしているから、日蓮を拝むことはない。日蓮正宗では、日蓮の残した文書（御書）は、ブッダの言葉だというので、僧侶の著す「論」ではなく、仏説である「経」と同じランクのものとなります。

この宗派が江戸時代を生き抜き、明治から昭和に伝わって、熱心な在家の信者を集めました。それが今日の創価学会に発展しています。

クエスチョン4

一向宗（浄土真宗）とはどのような考え方か

橋爪　浄土宗から、日本独自の宗派である、浄土真宗が生まれました。

浄土宗は、極楽浄土に往生することを阿弥陀仏に願いますが、あくまで修行をして、成仏をめざすことが前提である。その修行を、阿弥陀仏が大いに助けてくれる、という考え方です。

親鸞（一一七三～一二六二年）は、この考えをさらに進めて、浄土真宗を開きました。浄土宗の信徒の最大の関心事は、果たして極楽に往生できるか、です。

極楽に往生できるための条件はなにか。往生を望む人間がそなえる主体的条件と、人びとを極楽に招来する阿弥陀仏の側の客体的条件と、両方が必要なのか、片方で十分なのか。両方が必要な場合、その割合はどうなのか。こうしたことが、自力／他力をめぐる論争となりました。

往生のための主体的条件は、修行すること、因縁を積むこと、特に念仏を唱えること。念仏「さえ」称えればよいのなら、ほかの修行は必要なくなります。それでも念仏が修行であるかぎり、回数を多く称えればよいのか、信心が強くないと効果がないのか、などと議論の種はつきません。要するに、浄土三部経などの経典を読んでも、極楽往生の条件についてははっきり書いてないのです。

親鸞は、念仏を称える（修行する）→極楽に往生する、という順番を、極楽に往生する→念仏を称える（感謝する）、という順番に入れ換えた。どんなに念仏を称えても（修行しても）、極楽に往生することが確定できないのであれば、それを確定する方法はただひとつ。往生すると信じて、それを前提に行動すること。信心のなかでは、「往生決定《けつじょう》」する。信心できることが、阿弥陀の慈悲のはからいであり、すでに往生していることの証拠である。そこで念仏は、往生の原因でなく結果。感謝の念仏ということになるのです。

こうして浄土真宗は、一切の修行は必要ない、念仏を唱えればいい。それも、一度でいい。さらには、口に出して唱えなくてもいい、心に思うだけでいい、というところにまで行きます。しかもそれは、修行ではない。極楽往生は阿弥陀の本願であり、決まっていることだ。極楽に往生できるのでありがとうと感謝の念仏をするのだ、と考えるのです。

修行が必要ないなら、出家も必要ない。戒律は意味がない。寺院も不要である。そこで親鸞は、非僧非俗を称し、公然と結婚したとされます。浄土真宗（一向宗）の寺院は、寺院というより道場、すなわち信徒の集会場のようなものとなりました。阿弥陀仏を唯一の救済者と崇めて、ほかのブッダを拝まず、もちろんカミを拝まないのは、一神教と似ている。道場は、モスクと似ている、と言えます。

また、信じるから救われるのではなく、救われているから信じることができているというのは、信じるのは神の恩恵だという、プロテスタントの考え方と似ているところがあります。

浄土真宗は、信徒と信徒の関係が新たなものになるという特徴がある。往生決定しているのなら、極楽では、信徒と信徒はおおよそブッダとブッダの関係。ひるがえって現世のこの社会でも、凡夫と凡夫のままでブッダとブッダの関係となる。ブッダは、理想的な人間のあり方であるから、浄土真宗の信徒のつくる共同体は、理想的な共同体でなければならない。これは農民の自治組織で、領主はいない。搾取もない。阿弥陀信仰を共有する者たちがつくる神聖政治の共同体（一向一揆）に帰結するのです。これがヨーロッパの宗教改革のさいの、ドイツ農民戦争と並行する現象であることが注目されます。

中世封建制の末期に、日本では、一向一揆、法華一揆、切支丹などの宗教原理主義的な運動が現れました。これらの一揆は、武士と対立します。武士はふつう、農民を攻撃しないのですが、武士の存在基盤を脅かす宗教原理主義は、認めることができません。結局、武士の側が勝利するのですが、この結果、こうした運動の再発を防ぐために、寺請制度が考案されます。それはさらに徹底して、宗門人別帳の制度になる。これは、人間の思想・信条を、寺院（行政機構の末端組織）が管理するものでした。

鎌倉時代にうまれ、戦国時代にかけて発展した日本の新仏教は、西欧の宗教改革に並行する現象でありながら、信仰の自由を獲得しないまま流産してしまったと言えます。

クエスチョン5

日本儒学とはどのような考え方か

橋爪　中国でうまれた儒学については、前章で説明しました。ここでは、江戸時代の儒学の果たした役割について、みることにします。

　儒学と江戸の幕藩体制ほどミスマッチな組み合わせは、じつはありません。江戸時代には朱子学が幕府に奨励され「官学」となりました、と日本人は歴史の時間に習うので、儒学と江戸幕府をワンセットで考える癖がついているけれど、これは奇妙なことなのです。儒学は中国では、科挙（官吏の登用試験）と一体不可分のもの。世襲で政権を維持している武士にとって、認められるはずがない。儒学の論理を突き詰めるなら、江戸幕府の政権を認められるはずがない。互いに矛盾する関係にある。江戸幕府が導入したのは、儒学のなかでも朱子学。南宋の朱熹（朱子）の注釈にもとづく学問なので、宋学ともよばれます。朱熹も科挙に合格した官僚で、これを士大《したい》夫《ふ》といいます。南宋の政治は、すべてこの士大夫が行なっていました。士大夫は、読書人階級ともよばれますが、これは身分ではない。儒学は、身分制度を認めないのです。儒学は、貴族に反対し、軍事政権に反対し、地主に反対し、あらゆる特権階級に反対する。すべての人びとに開かれた試験（科挙）にパスした能力証明をもって、自分が行政官僚であることを正当化する。政府がこの原理（文人政治）に一元化したのは、漢でも唐でもなく、ようやく宋の時代だった。

これに対して、江戸の幕藩制は、身分制を基礎としています。その出発点は、秀吉の刀狩り。農民の自己武装を禁じ、統治階級である武士の特権的な地位を身分化した。こうして分節した士農工商の身分はゆるやかに職業と結びついて、相互依存のシステムを形成した。身分制は、職業を世襲によって継承していくイエ制度と結びついている。そこには、統治階級のメンバー（官僚）を農民のあいだから選抜してリクルートするという発想がない。武家政権は、決して、文人政治ではありえないのです。

武士は戦闘のプロだったのに、戦闘を禁じられた。代わりに行政職務に専念せよと、朱子学を学ぶことを命じられた。朱子学は、文人の学問なので、戦闘をやめて行政に専念するのに、ちょうどよいといちおう思える。しかし、まじめに朱子学を勉強すると、儒学の内実と幕藩体制の現実との齟齬が明らかになり、その矛盾に気づくことになる。朱子学は、武士の存在基盤を、掘り崩す思想だと言ってもよい。そして最終的には、幕藩制を否定する、尊皇攘夷思想に帰着していきます。

このように江戸儒学の、思想としての見どころは、江戸幕藩体制と朱子学の矛盾を、どのように受け止め、乗り越えようとしたかにあると言ってよい。

朱子学は、どのような政府が正統なのかという、正統論を関心の焦点にしていた。というのは、宋の王朝そのものが遊牧民族に侵略され、北半分を占領されて、南宋は存亡の危機にあったからである。儒学の原則にもとづいて政治を行なう正しい政府が、武力によって政権を奪われそうになったら、どうしたらよいのか。宋の皇帝は、金と戦って捕虜となり、南宋は金に臣下の礼をとらなくてはならなくなった。厳しい状況です。朱子は主戦派で、勝利の見込みがなくても戦うべきだとした。

この正統論を江戸幕藩制に適用するとどうなるか。江戸幕府が正統な政府なのは、天皇によって将軍に任じられているからである。天皇が正統な君主↓天皇から政権を委任された幕府は正統な政府↓大名や武士は幕府に服従すべき、というロジックである。ではなぜ、天皇は将軍に政権を委任しているのか。将軍が武力で優勢だからという理由だけでは、将軍家が遊牧民族に等しくなってしまう。江戸の儒学者はさまざまに考察を加え、ほぼつぎのような結論になった。

第一、天皇が日本国の正統な統治者である。

第二、天皇が「徳」を失ったなどの原因によって、政権が天皇の手を離れ、将軍の手に移った。

第三、将軍までもが「徳」を失った場合には、幕府が正統な政府ではなくなって、天皇に政権が復帰する（ことがありうる）。

もうひとつ、江戸儒学の結論は、「忠孝一如」でした。

朱子学では、忠（政治的君主に対する服従）と孝（親族の年長者に対する服従）とは、当然、別々のものだった。底辺の親族組織と、統一政権の官僚機構とは別々の組織だったのだから、当然です。けれども江戸の幕藩体制では、将軍家も大名家もイエ、農民や商人の生活単位もイエで、統治者も人民も一様に同一の社会原理（イエ制度）で覆われている。日本社会の現実に照らすなら、忠と孝とを別々に概念化する意味がない。

そこで、忠と孝を区別する必要がないこと（忠孝一如）が、儒教の古典に根拠がないにもかかわらず、日本の儒学の共通見解になった。

孝は本来、忠を相対化する機能があった。忠と孝とが異なるものではないのなら、忠は絶対化される。天皇に対する忠を絶対化する尊皇思想が幕末に大きな力を発揮したのは、この「忠孝一如」の思想が前提となっている。

こうした素地のうえに、西欧列強の脅威が強まり、幕府が問題を解決する能力も胆力もないことが明らかになると、士大夫の理想を学んだ下級武士や庶民階級から、優れた人材がふつふつとわき出してきます。彼らは尊皇思想を核に、幕府にかえて新しい政府を樹立する運動を強力に展開することができたのです。

クエスチョン6

日本人はなぜ勤勉なのか

橋爪　もうひとつの論点は、明治維新とともに、日本はなぜ急速に近代化し、資本主義経済を発展させることができたのか、です。

社会学の通説によると、近代化は容易ではない。特に、伝統社会の人びとが、新しいエートス（行動様式）を身につけ、資本主義経済に適合した行動をとるのは、きわめて困難だと言われています。それなら江戸時代に、その素地が培われていたとみなければなりません。

そのひとつの要因は、身分制ではないか。

江戸時代の身分制は、職業と結びついた士農工商というものでした。これは身分を示すと同時に、職業も示しているわけです。しかしそう考えた場合、武士階級に問題が出てきます。農・工・商階級が具体的に従事すべきビジネスを明示しているのに、武士階級が何をするのかがはっきりしていないのです。

本来武士は、戦争をするのが仕事です。ところが戦争はもう終わった。武士は、戦争を禁じられた。にもかかわらず、武士の所得は農民が払う税金です。これではタダ飯食いではないかという、自責の念が武士階級に植えつけられた。こうした事情から、武士たちは専心・集中できる業務を欲するようになります。ただし、農業や商業など、ほかの身分に割り当てられているビジネスに従事することは、禁止されている。

その一方で、幕藩体制を支える財政は、江戸中期には実質的に破綻し、幕府も各藩も膨大な借金にまみれていました。これを解決するには、殖産興業しかない。そうなると、武士がそのために動員されることになります。そして、藩と藩との経済競争が始まります。

幕藩体制は、中国の集権的な官僚制と異なり、自立した分権的な体制だった。いっぽう、大坂で各藩の米が売買されるなど、全国は単一の市場に統合されていた。経済は自律的な法則で運動し、政治の介入は限定的で、近代社会を準備する政経分離の現象が生じていた。藩と藩との経済競争が、日本の統治階級に、十分な経営の経験を与えます。これが、日本株式会社の原点です。

こうして武士は勤勉になったのですが、農民や町人はどうか。農民は、荘園制が解体し自作農が拡大した室町時代から、勤勉だった。商人は、市場経済のただなかで、不断の競争にさらされていた。これら自生的な勤勉さを、組織的な禁欲に高めるため、農民や商人にも勤勉のエートスを説かなければならないが、あいにく朱子学にはそんなものはない。朱子学は、文人階級の道徳倫理だからです。そこで、朱子学を日本流にアレンジすることが必要になった。それを担ったのが、禅宗の僧侶であった鈴木正三《しょうさん》(一五七九～一六五五年)や、京都の商家の番頭だった石田梅岩(一六八五～一七四四年)らでした。

江戸初期の鈴木正三は、農業は天が与えた役職で、それにいそしむのは仏道修行だとした。田んぼを耕すひと鍬ごとに「南無阿弥陀仏」と念じるべきである。立派な仏行であり出家して寺で座っているよりずっと尊い。米を刈り入れるひと鎌ごとに仏を念じて行えば、田畑は仏の住まう清浄の地となる。穫り入れた米は人びとを救う食糧となる、というのです。つまり、世俗の農業が、そのまま宗教的勤勉だというロジックを編み出した。

これは、商人や職人の場合も同じです。ビジネスの存在自体が仏のはからい。だから、ビジネスの現場で生産活動にたずさわること自体が、仏と対面し、自分も仏となる道であるというロジックです。

本覚思想や本地垂迹の考えが根付いていた日本には、至るところに仏がいます。世俗の労働が仏道修行だという論理が、無理なく出てくる。この論理は、日本人にとって大変に説得力があり、みな納得した。職場は神聖な修行の場。だから職場には、神棚があるのです。

職場にカミがいるという感覚は、日本人にはなじみやすいものです。職場にカミがいるのですから、それ以上とくに宗教活動に参加する必要もなく、教会に行く必要もありません。お寺も要らない。宗教施設には、お葬式や結婚式など用があるときに行けばいいわけで、ふだんは職場にいればいいことになります。

以上が、山本七平（一九二一～九一年）がいうところの「日本教」です。

クエスチョン7

国家神道とはどのような考え方か

橋爪　幕末維新の顕著な現象は、廃仏毀釈、神仏分離が叫ばれたことでした。それは、なぜなのか。

宣長の流れをくむと称する平田篤胤《あつたね》（一七七六〜一八四三年）が、幕末に、平田神道（復古神道ともいう）を唱えました。その要点は、神道を宗教として純粋化し、仏教と絶縁し仏教の要素をぬぐい去って、尊皇思想を神道で基礎づけることにあります。

平田神道が核となって、国家神道が形成されます。

国家神道は、国家が主宰する神道。戊辰戦争などで斃《たお》れた官軍の将兵らの「英霊」を、招きよせ、祀りを行ないます。英霊は、死者個人にひとつずつ。それが、鏡などの依代にひとつに集められることを、合祀といいます。

最初は、招魂祭のたびに合祀を行ない、それがすめば英霊を戻していたが、やがて臨時の招魂社に代わって、恒久施設の靖国神社がつくられ、そこに英霊が常時、合祀されているという状態になります。英霊には、一人ひとりに名前や個性があって識別でき、永遠になくなりません。

国家神道は、日本政府の方針で「宗教ではない」とされていたので、国家が直接に主管することができた。靖国神社は、陸軍省、海軍省、内務省（警察を管轄する）の三省が共同で管轄し、予算を提供していた。一九四五年の敗戦を機会に国家の手を離れるまでは、教義も、専門の人員（神主）もいなかった。

ふつうの人間が、各人の個性をもったまま、「英霊」というかたちで永続し、神体となる（崇拝の対象となる）というのは、神道としては、きわめて異例で、新しい考え方である。近代的と言ってもよく、平田篤胤の独創によるものだ。

平田篤胤は、どうやって英霊の考えを思いついたのか。有力な研究によると、平田篤胤は、長崎経由で漢訳の聖書を入手し、読むことができた。そして、キリスト教の「聖霊」の考え方をしり、それをアレンジして「英霊」とした可能性が高い。キリスト教に由来することは伏せて、あたかも神道の古い考え方であるかのように粉飾して、「英霊」の説を唱えた。

神道には古来、死の穢《けが》れの考え方があり、死者は黄泉《よみ》におもむく、などと考えられた。黄泉におもむいたのでは、神社に祀ることはできない。例外として、菅原道真や徳川家康など有力な政治家の場合は、神社に祀られる場合があった。宣長は、死者がどうなるかはわからない、と言った。

それに対して平田篤胤は、死者は黄泉に行かないで、霊となる。とくに国事殉難者はすぐれた霊、「英霊」となって、国の行く末を見まもっている、と言い出したのです。

どの家にも宗旨があり、仏壇も墓地もあって、仏式で葬儀や法事を行なう。官軍の戦死者は、家族に引き取られ、ばらばらに儀式が行なわれた。軍として、国として、儀式を行なうことができない。

この点、平田篤胤の「英霊」の考え方はじつに便利だと、陸軍は思った。戦死者が全員、英霊になるのなら、仏式の家ごとの葬儀と別に、家族の許可なく神道のやり方で、招魂祭や合祀を行なうことができる。国家として、戦死者を祀ることができる。徴兵制の軍隊をもつ近代国家として、国家が戦死者のような国事殉難者を祀ることができるのは重要なことでした。これが、国家神道の存在理由です。

国事殉難者とは、戊辰戦争の死者だけではなく、坂本龍馬をはじめとする草莽《そうもう》の志士たちも含まれます。一八七九（明治十二）年に創建された靖国神社（その前身の東京招魂社は一八六九〈明治二〉年創建）は、言うならば、「明治維新英雄記念碑」なのです。そのあと、西南戦争があり、日清、日露戦争があり、第一次世界大戦があり、日華事変、ついには大東亜戦争があって、靖国神社の英霊は大部分が戦死者になって、戦争神社みたいになったけれど、もともとこの神社は、決して戦争だけのための存在ではなかったのです。

戦後、占領軍の指令で、靖国神社は宗教法人になるか、解散するかして、国家との関係を断ち切りなさいと命令された。そこで大あわてで、教義をつくり、宗教法人靖国神社をたちあげます。祭神は、国事殉難者の「英霊」。その後も、厚生省引揚げ援護局から戦没者のリストが靖国神社に渡されて合祀されるなど、国家との関係は続きます。戦後、公務員が殉職した場合も、靖国神社に合祀されています。日本国と靖国神社の関係は、いかにもすっきりしない。

靖国神社は、国が再び経費を負担し、国営の神社になるよう運動を続けていましたが、一九八〇年ごろにそれをあきらめます。その際、それまで見合わせていた東京裁判のA級戦犯を合祀することにしたので、中国とのあいだで問題になった。

また、キリスト教徒の自衛官が殉職した場合に、家族にことわりもなく護国神社に合祀されたことが、憲法に違反するか、などの問題も起きています。日本の裁判所は、こうした問題の判断を避けています。

国家神道という明治の残骸を整理しなおし、日本国に殉じた人びとをどのように遇するか、日本国民が新しいやり方を考えて合意するまで、靖国神社の問題はすっきり解決しないと思います。

参考文献

【全般】

小室直樹『日本人のための宗教原論』徳間書店、２０００

橋爪大三郎『世界がわかる宗教社会学入門』ちくま文庫、２００６

橋爪大三郎監修『史上最強図解　橋爪大三郎といっしょに考える宗教の本』ナツメ社、２０１２

ニニアン・スマート編、山折哲雄監修、武井摩利訳『世界宗教地図――ビジュアル版』東洋書林、２００３

【ユダヤ教、キリスト教】

旧約聖書翻訳委員会訳『旧約聖書Ⅰ～ⅩⅤ』（全15冊版）岩波書店、１９９７～２００１

旧約聖書翻訳委員会訳『旧約聖書Ⅰ～Ⅳ』（全４冊版）岩波書店、２００４～２００５

Jewish Publication Society of America, *Tanakh: The Holy Scriptures*, Jewish Pubn Society, 1985

共同訳聖書実行委員会訳『引照つき聖書　旧約聖書続編つき　新共同訳』日本聖書協会、１９９８

新約聖書翻訳委員会訳『新約聖書Ⅰ～Ⅴ』岩波書店、１９９５～１９９６

Random House, *The Holy Bible: Authorized King James Version*, Ivy Books, 1991

Michael D. Coogan, Marc Z. Brettler, Carol A. Newsom, Pheme Perkins, *The New Oxford Annotated Bible: New Revised Standard Version With the Apocrypha, An Ecumenical Study Bible*, Oxford University Press, 2010

American Bible Society, *Good News Bible: Today's English Version*, American Bible Society, 2001

U.S. Catholic Church, *Catechism of the Catholic Church*, Image, 1995

上智大学中世思想研究所訳／監修『キリスト教史１～11』平凡社ライブラリー、１９９６～１９９７

橋爪大三郎×大澤真幸『ふしぎなキリスト教』講談社現代新書、２０１１

バリー・J・バイツェル他著、バリー・J・バイツェル監修、船本弘毅（日本語版監修）、山崎正浩他訳『地図と絵画で読む聖書大百科 Biblica』創元社、２００８

【イスラム教】
井筒俊彦訳『コーラン（上・中・下）』岩波文庫、１９５７〜１９５８
井筒俊彦『コーランを読む』岩波セミナーブックス、１９８３
板垣雄三・佐藤次高編『概説イスラーム史』有斐閣選書、１９８６
牧野信也訳『ハディース――イスラーム伝承集成Ⅰ〜Ⅵ』中公文庫、２００１
アブドル＝ワッハーブ・ハッラーフ、中村廣治郎訳『イスラムの法――法源と理論』東京大学出版会、１９８４

【仏教】
中村元訳『ブッダのことば――スッタニパータ』岩波文庫、１９５８
中村元訳『ブッダの真理のことば 感興のことば』岩波文庫、１９７８
中村元『龍樹』講談社学術文庫、２００２
中村元、紀野一義、早島鏡正訳注『浄土三部経（上・下）』岩波文庫、１９９０
平川彰『インド・中国・日本 仏教通史』春秋社、１９７７
凝然大徳、鎌田茂雄訳『八宗綱要』講談社学術文庫、１９８１
姉崎正治『法華経の行者 日蓮』講談社学術文庫、１９８３
津田真一『反密教学』春秋社、１９８７
橋爪大三郎監修『家庭でできる法事法要』径書房、２００８

水野弘元監修『新・仏典解題事典』春秋社、1966

【儒教】
金谷治訳注『論語』岩波文庫、1999
宮崎市定『現代語訳　論語』岩波現代文庫、2000
宮崎市定『論語の新しい読み方』岩波現代文庫、2000
小林勝人訳注『孟子（上・下）』岩波文庫、1968・1972
金谷治『人類の知的遺産4　孔子』講談社、1980
貝塚茂樹『人類の知的遺産9　孟子』講談社、1985
三浦国雄『人類の知的遺産19　朱子』講談社、1979
戸川芳郎、蜂屋邦夫、溝口雄三『儒教史』（世界宗教史叢書10）山川出版社、1987
森三樹三郎『人類の知的遺産5　老子・荘子』講談社、1978
橋爪大三郎×大澤真幸×宮台真司『おどろきの中国』講談社現代新書、2013

【その他】
メアリー・ボイス、山本由美子訳『ゾロアスター教――三五〇〇年の歴史』筑摩書房、1983
中村元『ヒンドゥー教史』（世界宗教史叢書6）山川出版社、1979
保坂俊司『シク教の教えと文化――大乗仏教の興亡との比較』平河出版社、1992
菅野覚明『神道の逆襲』講談社現代新書、2001
山本七平、小室直樹『日本教の社会学』講談社、1981

光文社未来ライブラリーは、
海外・国内で評価の高いノンフィクション・学術書籍を
厳選して文庫化する新しい文庫シリーズです。
最良の未来を創り出すために必要な「知」を集めました。

本書は2013年6月に光文社新書として刊行したものです。

光文社未来ライブラリー

世界《せかい》は宗教《しゅうきょう》で動《うご》いてる

著者 橋爪大三郎《はしづめだいさぶろう》

2022年5月20日　初版第1刷発行

カバー表1デザイン　bookwall
本文・装幀フォーマット　bookwall
発行者　田邉浩司
印　刷　堀内印刷
製　本　ナショナル製本
発行所　株式会社光文社
〒112-8011東京都文京区音羽1-16-6
連絡先　mirai_library@gr.kobunsha.com（編集部）
03（5395）8116（書籍販売部）
03（5395）8125（業務部）
www.kobunsha.com
落丁本・乱丁本は業務部へご連絡くだされば、お取り替えいたします。

ISBN978-4-334-77054-9　Printed in Japan

光文社未来ライブラリー　好評既刊

第1感
「最初の2秒」の「なんとなく」が正しい

マルコム・グラッドウェル
沢田 博
阿部 尚美 訳

一瞬のうちに「これだ！」と思ったり、説明できない違和感を感じたり。この「ひらめき」がどれほど人の判断を支配しているのか、多くの取材や実験から、驚きの真実を明かす。

ヒルビリー・エレジー
アメリカの繁栄から取り残された白人たち

J・D・ヴァンス
関根 光宏
山田 文 訳

白人労働者階層の独特の文化、悲惨な日常を描き、トランプ現象を読み解く一冊として世界中で話題に。ロン・ハワード監督によって映画化もされた歴史的名著が、文庫で登場！

子どもは40000回質問する
あなたの人生を創る「好奇心」の驚くべき力

イアン・レズリー
須川 綾子 訳

「好奇心格差」が「経済格差」に！　知ることへの意欲＝好奇心は成功や健康にまで大きな影響を及ぼす。好奇心はなぜ人間に必要なのか、どのように育まれるかを解明する快著。

世界は宗教で動いてる

橋爪大三郎

ユダヤ教、キリスト教、イスラム教、ヒンドゥー教、儒教、仏教は何が同じで何が違う？　世界の主要な文明ごとに、社会と宗教の深いつながりをやさしく解説。山口周氏推薦！

■好評既刊

ハイディ・ブレイク 著　加賀山卓朗 訳

ロシアン・ルーレットは逃がさない

プーチンが仕掛ける暗殺プログラムと新たな戦争

四六判・ソフトカバー

裏切者、反体制派、ジャーナリスト……クレムリンはいかに敵を消すのか？

ロシアから英国に亡命した富豪の周囲では、多くの関係者たちが不審な死を遂げている。そして英国政府が事態を黙過しているうちに、暗殺者たちはアメリカに上陸しつつあった——。クレムリンによる暗殺プログラムの全貌と、プーチンの世界支配の思惑に迫る。ピュリツァー賞ファイナリストによる渾身の調査報道。

■好評既刊

カマラ・ハリス 著　藤田美菜子・安藤貴子 訳

私たちの真実

アメリカン・ジャーニー

四六判・ハードカバー

女性初、黒人初、アジア系初のアメリカ副大統領、初の自伝

ジャマイカ出身の父とインド出身の母の間に移民の娘として生まれた彼女は、いかに「ガラスの天井」を打ち破ってきたのか？　どのような知恵と判断力とリーダーシップで、数々の難題に対峙していくのか？　本書で明らかに。